数字经济与高质量发展丛书

北京市属高校分类发展项目
"'两区'建设助力扩大开放，实现首都高质量发展"的资助成果

经济全球化和国民收入视角下的贸易问题研究
——出口经济收益、外资渗透和贸易平衡

李鑫茹 ◎ 著

首都经济贸易大学出版社

Capital University of Economics and Business Press

·北 京·

图书在版编目（CIP）数据

经济全球化和国民收入视角下的贸易问题研究：出口经济收益、外资渗透和贸易平衡/李鑫茹著. --北京：首都经济贸易大学出版社，2024.1
ISBN 978-7-5638-3605-5

Ⅰ. ①经… Ⅱ. ①李… Ⅲ. ①经济收益—经济全球化—影响—对外贸易—贸易差额—研究 Ⅳ. ①F752

中国国家版本馆 CIP 数据核字（2023）第 195725 号

经济全球化和国民收入视角下的贸易问题研究——出口经济收益、外资渗透和贸易平衡
李鑫茹　著

责任编辑	晓　地
封面设计	砚祥志远·激光照排　TEL：010-65976003
出版发行	首都经济贸易大学出版社
地　　址	北京市朝阳区红庙（邮编 100026）
电　　话	（010）65976483　65065761　65071505（传真）
网　　址	http：//www.sjmcb.com
E - mail	publish@ cueb.edu.cn
经　　销	全国新华书店
照　　排	北京砚祥志远激光照排技术有限公司
印　　刷	北京九州迅驰传媒文化有限公司
成品尺寸	170 毫米×240 毫米　1/16
字　　数	143 千字
印　　张	9
版　　次	2024 年 1 月第 1 版　2024 年 1 月第 1 次印刷
书　　号	ISBN 978-7-5638-3605-5
定　　价	38.00 元

图书印装若有质量问题，本社负责调换
版权所有　侵权必究

前 言

贸易是世界和各国经济发展的重要组成部分，贸易收益是国际贸易理论的核心。在出口额持续增长的背景下，真实准确地测算出口经济收益，客观认识贸易利益分配格局，十分重要也十分必要。随着全球生产网络扩张和垂直专业化的深化，基于贸易总值视角的传统贸易统计方法，因隐含进口中间投入品的价值而无法刻画经济体的实际贸易利得，由此发展并形成了基于贸易增加值的改进核算方法。然而，资本等要素的跨国流动日益频繁，使得出口生产对外国要素的依赖也愈加显著，出口增加值包含支付给外国要素的报酬，仍无法反映实际出口收益。贸易的最终目标是增加国民收入和增进国民福祉，因此本书认为，以反映收益所有权和控制权的国民收入指标衡量出口经济收益是更为确切和有效的方法。

在外商直接投资快速增长的同时，外资渗透成为值得关注的话题。结合贸易国民收入与贸易增加值的差异，可以从完全经济收益视角出发，评估我国不同行业、不同经济环节的外资渗透率并分析其变动趋势和影响因素。另外，随着贸易额的增长，世界主要经济体之间的双边贸易差额逐渐拉大，贸易摩擦显著增多，国际贸易体系面临严峻挑战。贸易国民收入为评判贸易平衡提供了全新的视角，在保护主义和单边主义抬头、逆全球化思潮涌动的背景下，以国民收入视角还原真实的贸易利益分配和贸易平衡状况，将具有重要的现实意义。最后，通过在国际投入产出模型中应用国民收入研究视角，可以将"全球价值链"热点研究拓展到"全球收入链"层面，帮助我们深入认识国际贸易的收益分配格局。

本书创新性地提出贸易国民收入和全球收入链核算框架，借助投入产出分析方法和计量经济模型，围绕贸易收益、外资渗透和贸易差额三个重大问题开展五方面研究。

第一，利用 2002 年、2007 年、2010 年和 2012 年反映最初投入要素国别属性、区分贸易方式和企业性质的中国非竞争型投入产出表，测算国民收入视角下我国出口经济收益及其变动。结果显示：随着出口额增长和国内外经济形势变化，我国出口经济收益稳步提高，但增速波动较大；国民收入视角下我国出口经济贡献率低于增加值视角，2002—2012 年呈现先升后降，2012 年约为 16% 左右；我国单位出口的经济效益先降后升，出口国民收入率较低，2012 年仍不足 0.6。按企业类型看，增加值视角显著高估了外资企业出口和加工出口的经济贡献，而二者的经济贡献均先升后降，符合我国出口导向型外资企业遭遇困境、加工贸易萎缩的现实情况。按行业看，增加值视角高估了制造业出口的经济贡献，低估了资源行业和生产性服务业的出口贡献；2008 年金融危机过后，我国资源行业的出口经济收益出现负增长，制造业增速明显放缓，生产性服务业表现亮眼。按贸易伙伴看，我国出口经济收益由高到低的贸易伙伴排名是欧盟、美国、东盟、日本和韩国；相比之下，我国对韩国、美国、日本的货物出口更加依赖进口中间投入，对日本、欧盟和美国的货物出口更加依赖外国资本。

第二，利用结构分解分析方法探究 2002—2012 年我国出口经济收益增长的驱动因素，结果显示，我国出口经济收益的提高主要依靠出口规模的增长，随着加工贸易由盛转衰，加工出口规模的贡献度持续降低；出口结构调整对我国出口经济效益的影响较小，出口结构总体保持升级趋势，但步伐较为缓慢，内资非加工企业的出口升级压力尤为明显；国产原材料在国内市场的竞争力持续增强，进口品对内原材料市场的冲击较小，中间投入品的国产化效应促进了我国出口经济收益的提高；我国加工出口企业经济增长质量下滑，非加工出口企业经济增长质量则不断提升，或可说明加工贸易转移是大势所趋；我国中间投入结构不断优化，助力出口经济收益增长，但国产中间品的企业来源结构不甚理想，外资企业在国内原材料供给市场的份额有所提高，逐渐成为制约我国出口经济效益增长的最大因素。

第三，以贸易国民收入核算方法为基础，给出外资渗透率的测算新方法，即以最终需求创造的增加值中属于外国收入部分的占比刻画外资在最终需求中的渗透程度。2002—2010年,在华外资企业经历了中国加入WTO、扩大对外开放和全球金融危机等重大事件的影响,我国出口外资渗透率和内需外资渗透率表现为先升后降;2010—2012年,我国出口外资渗透率几乎保持不变,而内需的外资渗透率有所提高,表明在华外资企业出现了面向国内市场、转向内销的战略调整迹象。分行业看,我国早期吸引外资以制造业为主,2011年之前制造业吸引外资占比约为80%,导致制造业的外资渗透率明显高于其他行业,但随着国内产业结构和外资行业布局的调整,今后生产性服务业的外资渗透率变化将值得关注。

第四,创新性地提出国民收入视角下的双边贸易差额核算方法,在修正计价方法、转口贸易和服务贸易统计误差的基础上,以反映实际贸易利得的国民收入口径重新评估中美贸易平衡。结果显示,2012年以国民收入视角核算的中美贸易顺差约为1 028亿美元,比贸易总值和贸易增加值口径分别缩小61%和22%,表明传统贸易差额核算方法不同程度地夸大了中美贸易失衡。按贸易类型看,国民收入口径下中美货物贸易顺差缩小,服务贸易逆差扩大。按行业看,中美贸易顺差主要来自低端制造业等,逆差主要来自大宗商品和高技术行业,体现了中美贸易较强的互补性。此外,从本国国民收入率看,中国对美出口远低于美国对华出口,中美服务贸易的本国国民收入率明显高于货物贸易。我国外商直接投资持续增长,与美国等发达国家的投资收益净输出关系很大,以实际收益衡量的美中贸易逆差并不似美国官方宣扬的那般严重,该结果有利于缓和当前紧张的中美关系,促进双边贸易谈判。

第五,参考全球价值链的研究成果,将国民收入引入国际贸易框架,探索研究全球收入链。以中国、美国和欧盟为研究对象,通过测算发现,2014年中国从自身出口中获得的经济收益仅占出口额的77.1%,明显低于美国的86.1%和欧盟的83.1%。相比于增加值视角,在国民收入视角下美国、欧盟从中国总出口中获得的经济收益有所增加,而中国从美国、欧盟的总出口中获得的经济收益有所减少。以国际投入产出表计算,国民收入视角下2014年中美贸易差额约为1 553亿美元,比贸易总值和增加值视角分别缩小34%和17%;中欧贸易差额约为425亿美元,比贸易总值和增加值视角分别缩小

52%和34%；欧美贸易由贸易总值视角下的顺差变为增加值和国民收入视角下的逆差，国民收入视角下欧美贸易逆差为90亿美元，比增加值视角增大10倍以上。研究结果表明，传统核算口径夸大了中国对美国和欧盟的贸易顺差，扭曲了三大经济体的双边贸易运行状况。作为全球前三大经济体，中国、美国和欧盟最终需求对彼此国民收入的贡献率较高，维护和促进彼此间的贸易发展乃是共赢之举。

目 录

1 绪论 ··· 1
   1.1 研究背景 ··· 1
   1.2 文献综述 ··· 6
   1.3 主要研究方法 ·· 13
   1.4 主要内容 ·· 18

2 中国出口经济收益及其影响因素分析 ······································ 22
   2.1 研究背景 ·· 22
   2.2 模型和测算方法 ·· 24
   2.3 中国表及编制说明 ··· 27
   2.4 中国出口经济收益及其影响因素 ·· 32
   2.5 主要行业及对主要贸易伙伴的出口经济收益 ························ 44
   2.6 小结 ··· 48

3 中国出口外资渗透率分析 ··· 51
   3.1 研究背景 ·· 51
   3.2 外资渗透率指标介绍 ··· 53
   3.3 中国外资渗透率分析 ··· 54
   3.4 出口外资渗透率的影响因素探究 ······································· 57
   3.5 小结 ··· 61

· 1 ·

4 国民收入视角下的中美贸易差额核算 63
4.1 研究背景 63
4.2 贸易差额核算方法 67
4.3 数据来源与数据处理 70
4.4 实证结果分析 76
4.5 小结 90

5 全球收入链初探 92
5.1 研究背景 92
5.2 全球收入链核算模型 95
5.3 数据来源与处理 103
5.4 测算结果与分析 105
5.5 小结 115

6 结论与展望 118
6.1 本书的主要结论 118
6.2 研究展望 121

参考文献 123

1 绪 论

1.1 研究背景

贸易是世界经济和各国经济发展的重要组成部分。世界银行公开数据显示，20世纪90年代初至今，全球贸易总额①和国内生产总值（GDP）的变化趋势基本一致（见图1-1），世界贸易额占GDP总额的比重由1990年的39%稳步提高至2008年的61%，随后爆发了全球金融危机，随着经济总量减少和贸易额萎缩，该比重急剧下降，但此后呈现回升态势。2016年世界贸易额占GDP总额的比重达到56%，其中，出口额占GDP总额的比重约为37%。对主要经济体中国、美国和欧盟而言，各自贸易额占其GDP的比重整体呈现上升趋势，分别约为37%，27%，83%（见图1-2），2016年三个经济体出口额占其GDP的比重分别为20%，12%，43%。贸易收益是国际贸易理论的核心，在出口额快速增长的背景下，真实准确地测算出口带来的经济收益，客观认识贸易利益分配格局，十分重要也十分必要。

出口快速增长的背后，是全球生产网络扩张、垂直专业化深化和要素自由流动加快。一方面，全球中间品贸易蓬勃发展。根据世界投入产出数据库（WIOD）公布的世界投入产出表计算，2000—2014年全球中间品贸易占比由60%提高到65%左右；2014年，美国和欧盟②的中间品出口占比分别为65%和61%，中间品进口占比分别为58%和66%；相比于美国、欧盟和世界平均水平，我国中间品出口的占比较低，约为50%，而中间品进口的占比较高，

---

① 贸易额指货物和服务的出口额与进口额之和。
② 本章所研究的欧盟经济体共包含28个国家。

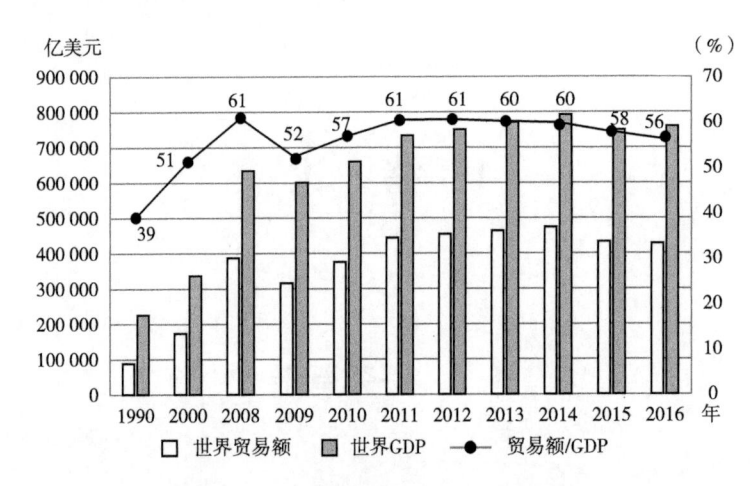

图 1-1 全球贸易额和 GDP 变化趋势

数据来源：世界银行公开数据。

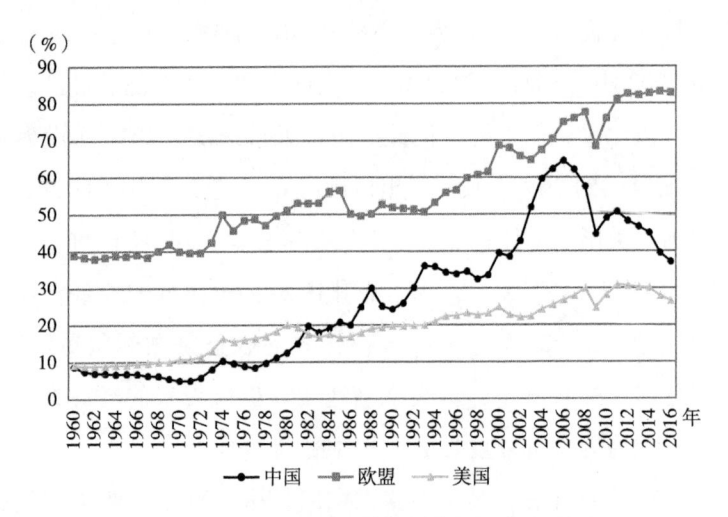

图 1-2 中国、欧盟和美国贸易额占其 GDP 的比重

数据来源：世界银行公开数据。

达到 75% 左右（见图 1-3 和图 1-4）。另一方面，资本的跨国流动日益频繁。联合国贸易和发展会议（UNCTAD）数据显示（图 1-5），全球外商直接投资（FDI）存量由 21 世纪初的 73 805 亿美元增长至 2017 年的 315 244 亿美元，年均增速约为 8.92%。其中，中国吸引 FDI 存量由 1 933 亿美元增长至 14 909 亿美元，年平均增速达到 12.77% 左右；美国和欧盟吸引 FDI 存量分别

由 27 832 亿美元和 23 221 亿美元，增长至 78 070 亿美元和 91 240 亿美元，年平均增速约为 6.26% 和 8.38%。截至 2017 年，中国、美国和欧盟吸引 FDI 存量分别占全球 FDI 存量的 4.73%，24.77%，28.94%，分别占各自 GDP 的 12.41%，40.03%，52.79%。

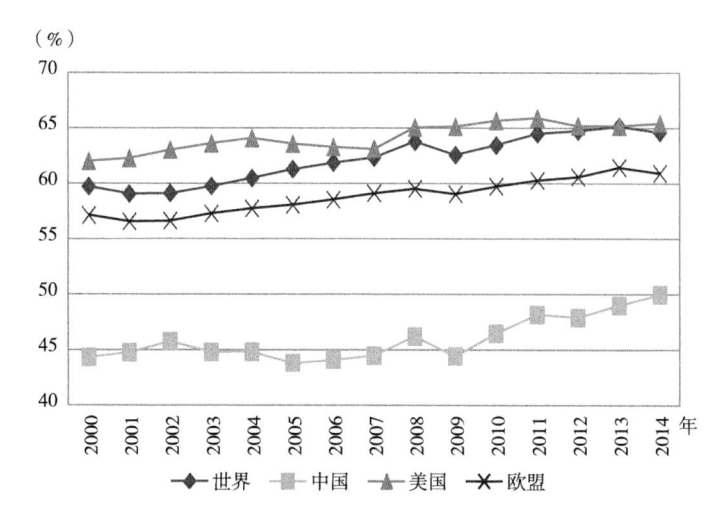

图 1-3 世界及主要经济体中间品出口占各自总出口的比重

数据来源：世界投入产出数据库。

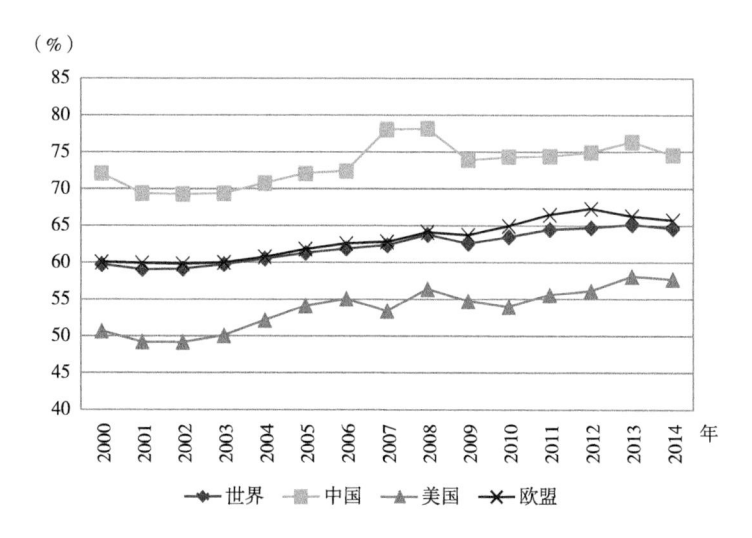

图 1-4 世界及主要经济体中间品进口占各自总进口的比重

数据来源：世界投入产出数据库。

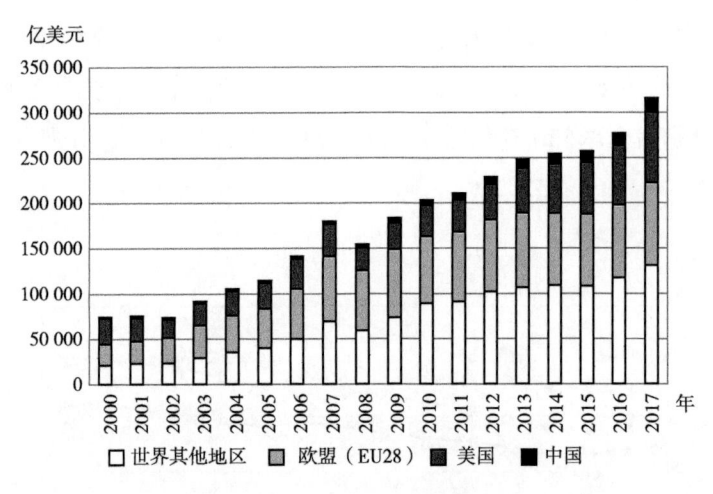

图 1-5 2000—2017 年世界主要经济体的 FDI 存量

数据来源：联合国贸易和发展会议。

以美国为代表的大多数经济体习惯以贸易总值作为核算口径，以出口额衡量出口经济收益。然而，随着经济全球化进程加快和各经济体开放程度提高，传统核算方法已不再适用，甚至会对我们认识贸易利益分配造成误导，原因有两个方面。

首先，中间品贸易快速增长，出口额中包含着多个经济体的附加价值。中间品贸易意味着在本国产品的生产过程中可能使用进口中间投入品，因此本国的出口额中隐含进口中间投入品的价值，同时，别国产品生产过程中也可能使用本国出口的中间产品，因此本国的进口额中也可能隐含着本国产品的价值。对于中国、墨西哥等加工贸易占比较高的国家来说，出口对进口中间投入品的依赖更为明显，出口额将高估出口拉动的本国经济收益。

其次，资本跨国流动日益频繁，以外资企业、跨国公司为载体的资本流入，在推动东道国经济发展和贸易增长的同时，也模糊了出口经济收益的国别属性。根据中经网统计数据库的资料，2017 年，我国外商投资企业进出口额约占全国进出口总额的 44.81%，其中，出口额和进口额分别占全国出口额和进口额的 43.19% 和 46.73%。美国经济分析局（BEA）的数据显示，2016 年美国境内外国子公司的货物进出口额约占其全国货物进出口总额的 28.38%，其中，外国子公司的货物出口额和进口额占比分别为 26.03% 和

29.93%。按照欧盟统计局（Eurostat）公布的数据计算，2016年欧盟14个成员国[①]的外资企业进出口额约占其进出口总额[②]的35.89%，其中外资企业出口和进口额占比分别为32.22%和39.35%。各经济体的出口不同程度地依赖于外资企业，而外资企业的生产显著依赖于外国生产要素，尤其是外国资本，因此在外资企业出口创造的经济收益中，有较大一部分是支付给外国要素的报酬，这部分收益属于外国，在政策允许的条件下可以随时汇回母国。

尽管围绕出口经济收益核算已有许多优秀的理论成果，但大多数研究未能解决资本全球化带来的核算误差问题，更未给出准确、有效的贸易收益核算框架。

在外商直接投资快速增长的同时，外资渗透也成为值得关注的话题。外资进入东道国，一方面具有溢出效应，可以显著带动产出和出口增长，推动企业创新和技术进步；另一方面也会对国内资本和内资企业造成市场竞争、资源挤占等压力，这种负面的挤出效应曾一度引发国内各界对外资"狼来了"的担忧。结合在华外资的行业分布特点和外资企业的功能定位，预计不同行业和不同经济环节的外资渗透程度将有显著差异；伴随国内外经济形势的深刻变化，预计我国的出口外资渗透程度也将发生明显变化。外资渗透率可以直观地反映外资对一国经济的渗透程度，但现有研究对这一指标缺乏统一的定义。

另外，近年来世界贸易体系面临前所未有的压力，贸易保护主义和单边主义趋强，逆全球化思潮涌动，从英国脱欧到特朗普当选美国总统并挑起贸易争端，经贸领域黑天鹅事件明显增多，加重了全球贸易摩擦，也给世界和各国的经济、投资及贸易发展蒙上了不确定性阴影。贸易争端的实质性原因是多方面的，但贸易差额能够最直观地反映贸易平衡，因此往往是贸易摩擦的直接诱因，同时也是各经济体制定政策和解决争端的主要依据。中国是贸易大国，出口额持续扩张并位居世界前列，与美国、欧盟等多数主要贸易伙伴长期保持着顺差关系，被指责抢占别国的出口、就业和发展机会，因而成

[①] 包括比利时、捷克、丹麦、德国、西班牙、克罗地亚、立陶宛、荷兰、波兰、葡萄牙、罗马尼亚、斯洛文尼亚、芬兰和英国。

[②] 此处的进出口额是指14个经济体对欧盟以外经济体的进出口额。

为国际贸易保护主义攻击的首要目标。

根据世界贸易组织统计，2016年，世界贸易组织成员发起的贸易救济调查月均数量达到了2009年以来的最高点，中国连续21年成为遭遇反倾销调查最多的国家，连续10年成为遭遇反补贴调查最多的国家。2016年共有27个国家或地区对中国发起贸易救济调查，数量达到119起，涉案金额143.4亿美元，案件数量和涉案金额同比上升了36.8%和76%；进入2017年不到40天的时间内，美欧已对华采取了7起贸易调查和终裁。中美之间的贸易摩擦尤为激烈，中国商务部数据显示，自1980年以来，美国对中国产品共发起265起贸易救济调查，涉案金额高达298亿美元。美国对华"双反"调查频率和裁定税率之高，在世界贸易经济史上甚为罕见。金融危机以来，美国对华贸易政策明显收紧，贸易争端涉案产业范围扩大，产业链覆盖更加全面，层次更为高端，体现出明显的战略对抗性。特朗普上台之后，双边经贸关系更加紧张，2018年中美关税之战越演越烈，成为全球最为关注和担忧的话题。

贸易差额核算的重要性不言而喻，但由于出口额无法刻画真实的出口经济收益，基于出口额计算的贸易差额也无法准确地评判双边贸易平衡。因此，世界范围内亟待建立一套以实际贸易收益为基础的贸易差额核算体系，以帮助我们认识经济全球化背景下的收益分配格局。

1.2 文献综述

本书重点关注出口经济收益、外资渗透率和双边贸易差额三大贸易问题，故本节从这三个方面对已有的研究成果进行梳理。

1.2.1 出口经济收益

通过梳理和总结出口经济收益核算的相关文献可知，其核算视角可分为四类，分别是贸易总值口径、出口增加值口径、属权原则和生产要素收入。下面结合已有研究成果详细介绍核算方法的演变过程。

在经济全球化的背景下,国际贸易分工模式逐渐转为产品内分工,出口品的生产依赖于多个国家和地区的生产要素,这符合巴拉萨(Balassa,1967)所定义的"垂直专门化"现象。中间品贸易快速发展,导致出口额中包含着多个国家和地区的生产要素价值,因而会高估出口的实际经济收益(Yu and Luo, 2018; Aichele and Heiland, 2018; Kordalska and Olczyk, 2018)。以 iPhone 和 iPad 为例,中国出口一台 iPhone 或 iPad,出口额等于产品价格,但中国在该产品的生产网络中仅负责组装环节,实际获利仅为其价格的 1.8% 和 2%(Kraemer et al., 2011)。胡梅尔等(Hummel et al., 2001)利用投入产出技术构造了垂直专门化率指标,即 HIY 方法,以出口额中包含的进口中间投入品价值的占比度量一国参与国际分工的水平;约翰逊等(Johnson, 2014; Johnson et al., 2012, 2017)提出了增加值出口核算方法,并分析了增加值出口与出口总额的比值(VAX ratio)在国家间、地区间和行业间的差异表现;在此基础上,库普曼等(Koopman et al., 2010; 2014)、洛斯等(Los et al., 2016)将垂直专业化延伸到国际投入产出模型中,并在多国框架下讨论垂直专业化率和出口价值分解;王等(Wang et al., 2013; 2015)进一步将总出口价值分解方法扩展到双边出口、部门出口和双边部门出口层面,从而建立起传统国际贸易统计与国民经济核算体系相对应的系统性框架。

垂直专门化的概念和测度方法为贸易收益核算提供了新的方向,即以出口增加值衡量出口经济收益,例如,高运胜等(2015)测算了 1995—2011 年中国制成品出口欧盟的增加值结构,发现该时期国内增加值率呈下滑趋势;张亚斌等(2015)研究发现,中国国家层面和产业层面出口对 GDP 及 GDP 增长的贡献,均呈先增后减的倒"U"形特征;克鲁兹等(Cruz et al., 2011)通过测算发现,2006 年墨西哥制造业出口中隐含的外国增加值占比高达 66% 左右。另外,有关出口增加值时序对比和横向对比的研究也取得了重要进展,如:尹伟华(2017)、卫瑞等(2015)讨论了中国出口增加值的变动趋势及其驱动因素,刘似臣等(2018)对比分析了金砖国家装备制造业的出口增加值流动,刘海云等(2016)使用跨国面板数据重点分析了水平对外直接投资和垂直对外直接投资对中国出口增加值的影响机制和效果,尔赫(Vrh, 2018, 2017)对欧盟成员国的出口增加值进行了对比分析和总结。结合中国的出口特征，尤其是加工出口占比较高的特征，学者们提出在测算中国的出口增加值时，应考虑加工贸易对进口中间投入的高消耗和高依赖，将加工贸易生产与其他生产方式区分开（Koopman et al.，2012；郭晶，2016；段玉婉等，2018）。陈等（Chen et al.，2012）、祝坤福等（2013）在考虑中国加工贸易的情况下，分析了中国2002—2007年的出口增加值变动及其影响因素，发现出口规模扩大和加工出口国内增加值率提升是该阶段出口增加值增长的重要动力。段玉婉等（2013）编制了区分内外资企业和贸易方式的非竞争型投入产出模型，以此测算内资企业和外资企业、加工出口与非加工出口对中国经济的贡献。

投入产出技术在增加值核算方面具有先天的优势，上述研究多利用投入产出方法进行宏观测算。除此之外，张杰等（2013）、郑丹青等（2015，2014）、基等（Kee et al.，2016）也给出了以微观模型测算和分析出口增加值的具体方法。

目前，出口增加值核算方法已得到广泛认可，并在贸易收益分解、贸易竞争优势、对外依存度、国际分工地位等若干个重要的话题中得到应用，具体包括邓军（2014）、韩中（2016）等从行业层面和地区层面对中国出口增加值进行分解，发现中国出口中隐含的外国增加值主要来自日本、美国、韩国和德国等发达国家，来自其高技术或高附加值行业；中国的出口国内增加值主要由美国、日本等发达国家和俄罗斯、印度等新兴发展中国家拉动，从行业分布看，主要集中在低端制造业或低附加值行业。文东伟（2017）以贸易增加值代替贸易总值，基于新口径构建和测算显性比较优势指数，发现中国劳动和资本密集型行业的出口竞争力增强，技术密集型行业的出口竞争力减弱。郑乐凯等（2017）利用贸易增加值前向分解方法重估中国各行业的出口竞争优势，发现服装纺织、皮革鞋类、机电等产业的出口竞争优势被高估，而部分资本、技术密集型产业的出口竞争力被低估。戴翔（2016）测算发现，1995—2011年中国制造业出口隐含的服务增加值率呈上升趋势，其中，国内服务增加值在服务增加值总量中占据主导地位，但从时序上看有弱化迹象，国外服务增加值的地位有所提升。戴翔（2015）、郭晶等（2015）、蒲红霞等（2015）以增加值口径重新计算出口竞争力评估指标，发现贸易总值口径会高估中国服务业直接出口的竞争优势，若考虑制造业出口中隐含的服务业间接出口，中国服务业整体的国际竞争力有所提升。此外，金砖国家的部分服务细分行业相比发达国家具有明显优势，因此可以通过结构性调整等手段提升其服务贸易发展质量。闫云凤（2015）、张定胜等（2015）、黎峰（2015a，2015b，2014）在增加值框架下，讨论了全球价值链与国际分工的相关问题，其中，对中国问题研究的一项重要结论和启示是，中国出口产品结构与其第一出口大国地位并不相称，中国应调整以规模为导向的发展方式，从培育国内高级要素和扩大流入要素贡献等出发，提升在全球价值链中的位置。刘鹏等（2017）给出了增加值视角下对外依存度测算方法，并对1995—2011年中国对外依存程度的空间分布及演化特征进行了分析。此外，增加值口径在贸易差额核算中也取得了重要成果，有关文献将在1.2.3节中详细介绍。

虽然贸易增加值核算方法很好地解决了中间品贸易造成的统计误差，但仍未解决资本跨国流动和外资企业造成的经济收益归属权模糊问题。20世纪90年代，发达国家已构建了一套基于所有权对传统跨境贸易进行补充的统计体系（Julius，1990；Landefeld et al.，1993；Whichard and Lowe，1995）。联合国贸发会议高级事务官李月芬（2006）指出，外资企业在中国的出口中发挥着重要作用，以生产所在地划分的国际贸易记录体系会扭曲国际商业活动的真实图景，因此亟待建立以产品所有权为基础的贸易差额统计体系，文献中多称之为"属权原则"（贾怀勤，2006，2010，2011；林玲等，2013，2014）。属权原则将东道国与其境内的外资企业、外国公民、外国附属机构等发生的商业活动，按照资产所有权进行统计调整，一定程度上解决了经济活动收益归属模糊的问题，但基于该方法的大部分研究只考虑商业活动的直接交易额，忽略了产业关联所引起的完全效应，且多数情况下仍基于贸易总值视角，未能融合增加值口径的优势。

与属权原则相类似的核算视角是生产要素收入，即根据生产要素的国别属性将出口收益分配给相应的经济体。周琢等（2013）利用外资企业产品出口比例和外资企业各类生产要素投入总量，估算了外资企业出口为中国带来的实际经济收益。郑丹青（2016）利用外资企业初始股权结构信息，识别中国出口增加值中属于本国和外国的份额，结果显示，外资流入促进了中国的出口增长和出口增加值率提升,但中国实际所获贸易利得却在逐渐减少。魏军波等(2017)结合增加值视角和要素的国民属性开展研究,发现中国出口的要素禀赋结构、国内生产配套水平、出口规模等被传统测算方法高估,中国外贸增长的结构和质量应引起重视。段等(Duan et al.,2012)编制了反映初始投入要素国别属性的非竞争型投入产出表,计算中国出口拉动的国内收入,结果显示,中国每1 000美元出口仅能创造506.8美元国民收入,远小于出口额和出口增加值。相比出口增加值,基于生产要素收入视角的研究和应用成果较少且不完善,本书在此基础上提出以国民收入视角核算出口经济收益,探究并建立基于国民收入视角的贸易核算体系。

1.2.2 外资渗透率

国内外对于外资渗透话题的研究主要讨论外资的正向和负向效应。早期支持外资正向溢出效应的文献有:芬德利(Findlay,1978)认为,外资通过示范效应对东道国产生技术溢出,并以内生动态化模型检验了技术差距、外资份额等对技术溢出效应的影响;罗默(Romer,1986)、卢卡斯(Lucas,1988)等将内生技术变化因素引入经济增长模型,形成新增长理论,指出外资流入可促进东道国的技术、组织效率等提高。外资的溢出效应已在部分发达经济体的实证研究中得到验证(Imbriani and Reganati,1997;Branstetter,2001)。就中国案例看,陈涛涛(2003)指出,充分竞争是产生FDI行业内溢出效益的有效机制;师求恩(2006)等验证了外资在我国工业部门各行业所产生的显著正向溢出效应,具体包括技术溢出和出口溢出等;潘文卿(2003)利用面板数据模型发现,20世纪90年代后半期,外商投资对中国中部地区的正向溢出作用较大,对东部地区工业部门的溢出效应变小;李磊等(2017)研究发现,外资的水平溢出对企业的全球价值链参与程度具有正向影响,且该影响与外资来源地、外资的本地化生产程度、内资企业与外资企业的技术距离,以及利用外资政策等因素有关;毛日昇(2016)的研究结果表明,外资渗透率对中国工业部门的就业创造率和净就业增长率产生了显著影响;宁等(Ning et al.,2018)发现,2003—2012年FDI对中国产生了积极的环境知识外溢;张等(Zhang et al.,2018)认为,FDI可以将企业社会责任管理知识从国外转移到本土企业,因此有利于中国的可持续发展。

此外,也有部分研究对外资正向溢出效应提出质疑(Lin and Kwan, 2017; Orlic et al., 2018; Demena and Murshed, 2018),指出外资渗透对东道国经贸发展可能产生负面影响;狄克逊等(Dixon et al., 1996)发现,欠发达国家迫切需要资本发展,但依赖外国资本的国家面临着经济增长放缓、收入不平等加剧,以及可能损害国内资本形成的问题;安瓦尔等(Anwar et al., 2019)利用区分企业异质性的模型,将 FDI 的生产率溢出分解为直接效应和间接效应,并对溢出效应可能不显著或为负的原因给出详细分析;李杰(2004)认为,外商直接投资在促进 GDP、优化制度安排、创造就业、促进技术进步和贸易发展的同时,也会对国内投资形成挤出,加重地区投资、产业投资结构失衡,带来国际收支失衡和国有资产流失等风险;王庭东(2007)研究外资对内资的成本挤出效应与策略挤出效应,总结了挤出效应的产业特征与技术特征,并指出,传统数量化指标导向不利于建立国家竞争优势;方友林等(2008)、冼国明等(2009)的研究表明,FDI 对我国西部地区的国内投资存在显著的挤出效应;王永齐(2005)发现,虽然从总量上看,外资并没有对国内资本产生挤出效应,但从产业结构上看,相对挤出效应确实存在,且外资倾向于向相对挤出效应大的行业进行投资;施炳展等(2013)研究发现,外资企业竞争效应是造成中国出口产品品质下降的主要原因之一。

外资的负向效应一度引发了中国各界对于外资渗透的担忧,关于种业、银行业等领域外资渗透的讨论在很长一段时间内也十分激烈(李伟等,2008;周慧君等,2009;杨红旗,2010)。但现有研究对于外资渗透程度缺乏统一的测度指标,学者们在研究中往往根据数据可得性和关注重点自行给出定义,例如,常用的测度指标有实际利用外资额(Figini et al., 2011)、外资企业从业人员占比(Ruane and Ali, 2005;包群等,2008)或外资企业销售额、企业数份额(钟昌标,2013)等。本书将基于完全经济收益视角,提出一种全新的外资渗透率测度指标,用以揭示出口、消费、投资等不同环节的外资渗透程度。

1.2.3 双边贸易差额核算

双边贸易差额旨在描述双边贸易中的收支平衡状况,基于 1.2.1 中介绍的四种贸易经济收益核算口径，可以得到相应视角下的双边贸易差额核算方法。贸易差额核算的相关研究按照视角不同分为四类。

1.2.3.1 贸易总值视角下的双边贸易差额

以美国为代表的大多数经济体通常以贸易总值作为贸易差额的核算口径，但利用中国和美国官方数据计算的中美贸易差额相差甚远。现有研究将这种不一致性归因于贸易计价方式、香港转口、转口利润附加和运输时滞，并基于此给出修正方法。例如，冯等（Fung et al.，1998）认为，两国公布的数据都是不准确的，贸易差额的核算应该考虑离岸价/到岸价的修正，并最早提出考虑香港转口贸易和转口加价，以此修正美中逆差；杨汝岱（2008）依据香港转口数据修正中、美官方统计的贸易差额，结果显示，两国在1998年之前的数据差距缩小了60%，1998年之后减少了40%。此外，谢康等（2000）对货物贸易和服务贸易互补性进行了实证分析；陈等（Chen et al.，2014）指出，中美贸易具有强烈的互补性，美国服务业较中国有明显优势，随着中国加入WTO，双边服务贸易得到快速发展，美中服务贸易顺差不断扩大，能在一定程度上弥补两国货物贸易逆差；巴拉蒂埃里（Barattieri，2014）提出，应在考虑服务贸易的基础上重新评估中美贸易失衡。综上，沈国兵（2005）、冯等（Fung et al.，2006）、许宪春等（2018）系统性地给出了贸易总值视角下，以进出口计价、转口贸易、转口加价以及服务贸易修正贸易差额的核算方法。

1.2.3.2 出口增加值视角下的双边贸易差额

在出口增加值和全球价值链研究的基础上，刘遵义（2007，2017）将该核算思想引入中美贸易差额的计算中，修正了传统核算方法对中美贸易失衡程度的高估，以2015年的结果为例，贸易增加值口径下美中贸易逆差为1 327亿美元，远低于中国、美国以贸易总值口径核算的2 614亿美元和3 674亿美元。文东伟（2018）对比分析了贸易总值和贸易增加值视角下中国的外贸平衡状况，发现前者显著夸大了中国对外贸易的失衡程度。李宏艳等（2015）、葛明等（2016）基于全球价值链视角阐释了贸易利得内涵的变迁，以总量、国别和产业等层面解析中美双边贸易利益分配格局。此外，康振宇等（2015）、蒋等（Jiang et al.，2019）分别以增加值口径修正了中日、中欧贸易差额。

1.2.3.3 属权原则下的双边贸易差额

根据属权原则，国外附属机构、在外国长期居留公民与东道国之间的商业活动，将按照资产所有权的国别标准纳入经常项目统计体系，以此修正贸易差额。例如，宋玉华等（2006）将跨国公司的商业活动纳入贸易差额统计体系，修正了1982—2003年美国对外贸易差额，结果显示，在考虑海外子公司销售额的情况下，美国贸易差额由传统口径下的逆差转为顺差，从而验证了基于所有权的统计体系的重要性；张玮等（2013）以所有权原则代替原产地原则，重新估算了中美、中日和中欧贸易差额，发现所有权体系下中国、美国和欧盟的贸易顺差大幅缩小，中日贸易失衡程度明显缓和，2007年原产地体系下中美和中欧贸易顺差的79%和65%由在华FDI产生；包括上述文献在内的基于属权原则的大部分研究仍使用贸易总值核算口径，而陈东阳等（2017）将属权原则与贸易增加值核算口径相结合，重新估算中美贸易顺差并发现顺差明显减小，且美国自身因素也是造成中美贸易顺差的重要原因。

1.2.3.4 基于生产要素收入的贸易失衡度测算

根据生产要素国别属性，识别出口收益中实际属于本国的经济收益，进而修正贸易失衡程度，如李昕等（2013）以增加值核算方法和外资企业产权信息修正国际贸易物流与资金流的差异，以购买力平价法修正GDP数据，从而对中国的外贸依存度和外贸失衡度进行重估，发现2007年中国外贸失衡程度由官方统计的10%下降至2%左右。该思想可用于双边贸易差额核算，但相关研究十分缺乏。

显然，以实际贸易利得为基础的贸易差额核算方法更具参考价值，结合已有研究和出口国民收入核算思想，可进一步探究和构建国民收入视角下双边贸易差额核算框架。

1.3 主要研究方法

投入产出模型和投入产出表是本书最主要的分析方法和数据来源。

投入产出分析于20世纪30年代由诺贝尔经济学奖获得者列昂惕夫（Leontief, 1951, 1936）创立，该模型以棋盘式平衡表的格局研究经济活动投入与产出之间的数量关系，能够详细反映经济系统各产业间错综复杂的生产消耗关系。经过几十年的发展，投入产出模型的应用领域由经济扩展到环境、能源、人口、教育等方面。目前，投入产出表的编制已经成为许多国家的常规统计工作之一，国际范围内投入产出数据库也相继建立，其中应用较为广泛的包括世界投入产出数据库WIOD（Dietzenbacher et al., 2013）、OECD-WTO Tiva数据库、亚洲国际投入产出表（Meng et al., 2013）、GTAP数据库（Andrew and Peters, 2013）和Eora MRIO数据库（Lenzen et al., 2013）等。投入产出模型和方法不断改进，为学界和相关国际机构开展贸易核算和价值链研究奠定了基础。

投入产出表是反映一定时期各部门间相互联系和比例关系的平衡表，表中通常包含四个象限：第Ⅰ象限是表中最基本的部分，反映部门之间的生产技术关系；第Ⅱ象限展示各部门产品的最终使用情况；第Ⅲ象限和第Ⅳ象限分别反映国民收入的初次分配和再分配，因环节复杂，目前编表中一般不考虑第Ⅳ象限。表1-1为一般投入产出表。

表1-1 一般投入产出表

		中间需求 生产部门				最终需求		出口	总产出
		1	2	…	n	最终消费	资本形成		
中间投入	1 2 ⋮ n	\multicolumn{4}{c|}{Ⅰ}			\multicolumn{2}{c|}{Ⅱ}		
最初投入	固定资产折旧 劳动者报酬 生产税净额 营业盈余	\multicolumn{4}{c|}{Ⅲ}			\multicolumn{2}{c|}{Ⅳ}		
	总投入								

资料来源：陈锡康，杨翠红：《投入产出技术》，科学出版社，2011年版。

投入产出表能够反映国民经济各部门之间的生产和使用关系，表的行向反映了部门产出的使用情况，包括用于各部门生产的中间使用和用于消费、投资、出口的最终使用；表的列项则反映了部门生产活动的投入情况，包括原材料的投入和劳动力、资本等其他生产要素的投入。

表1-1所示的一般投入产出表也称为"竞争型投入产出表"，第Ⅰ象限各部门之间投入与消耗的产品未区分来源地，即是国内生产还是从国外进口。竞争型投入产出表可以揭示各部门生产对其他部门产品的消耗关系，但将其应用于贸易问题研究显然是不妥的，理由有两方面：其一，不同国家或地区的资源禀赋、生产技术水平不同，同一种产品在国内和国外生产时，其投入结构存在显著差异；其二，进口中间投入品并非由本国生产，因此，由进口中间投入品的生产所拉动的增加值也并非由本国获得，若不区分中间投入品的来源地，可能会高估本国经济收益。为此，有必要将中间投入品拆分成国内中间投入品和进口中间投入品两部分，从而得到区分进口的非竞争型投入产出表，见表1-2。

表1-2 非竞争型投入产出表

		中间需求				最终需求			总产出/
		生产部门				最终消费	资本形成	出口	总进口
		1	2	…	n				
国内品中间投入	1 2 ⋮ n	Ⅰ				Ⅱ			
进口品中间投入	1 2 ⋮ n								
最初投入		Ⅲ							
总投入									

资料来源：陈锡康，杨翠红：《投入产出技术》，科学出版社，2011年版。

非竞争型投入产出表将国内中间投入和进口中间投入区分开，体现了国内、国外产品在中间需求和最终需求中的不完全替代性。利用非竞争型投入产出表，可以测算产品中隐含的进口品价值，也可以更准确地测算产品拉动的国内增加值。

各部门进行生产活动之前，必须具有掌握相应的科技管理能力的劳动力、固定资产、流动资金以及自然资源等。部门生产规模和效益很大程度上由占用品的数量和质量决定。占用与投入，即生产过程中产生的消耗是两个不同的概念，一般的投入产出分析中未体现占用的情况，对此，陈锡康（1988，1992）提出了投入占用产出模型，更加完整地还原经济系统的生产活动，推动投入产出分析在就业、资源、环境等领域取得重要理论和实践成果。表1-3给出了投入占用产出表。

表1-3 投入占用产出表

| | | 中间需求 ||| 最终需求 ||| 总产出 |
| | | 生产部门 ||| 最终消费 | 资本形成 | 出口 | |
		1	2	... n				
中间投入	1 2 ⋮ n	Ⅰ			Ⅱ			
最初投入		Ⅲ						
总投入								
占用	固定资产 存货 金融证券 劳动力 自然资源 其他							

资料来源：陈锡康，杨翠红：《投入产出技术》，科学出版社，2011年版。

利用投入占用产出模型可以得到一系列新的概念，如考虑占用的完全消耗系数，产品完全劳动量，各种产品对水、能源等以及固定资本、流动资本等的完全占用系数。

上述三种投入产出模型重点关注一个国家或地区内的商品和劳务流动，统称为单国或单地区投入产出模型。若要分析多个国家或地区之间的产业和经济联系，则需要将各个国家或地区的投入产出表连接在一起，从而得到多国或多地区投入产出表（见表1-4）。

表1-4 多国（或多地区）投入产出表表式

			中间需求					最终需求			总产出
			国家1		...	国家m		国家1	...	国家m	
			1	2	...	n	...	1	2	...	n				
中间投入	国家1	1									
		2			Ⅰ				Ⅱ		
		⋮									
		n									
	⋮										
	国家m	1									
		2									
		⋮									
		n									
最初投入					Ⅲ						
总投入											

资料来源：陈锡康，杨翠红：《投入产出技术》，科学出版社，2011年版。

多国或多地区投入产出表对各个国家或地区间的商品和劳务流动进行了描述，是进行国家或地区之间产业结构和技术差异比较，分析国家或地区间产业相互联系与影响，研究资源在国家或地区间合理配置，测算国家或地区经济发展对其他国家或地区经济带动、溢出与反馈作用的重要基础性工具。在经济全球化背景下，商品和生产要素自由流动，若要分析全球贸易收益分配格局，则需要将所有开放性经济体的生产活动纳入同一张投入产出表，从而得到国际投入产出表。

1.4 主要内容

本书共包括六章内容。

第1章绪论。

第2章结合中国出口对外资依赖性较高的特点，考虑中国加工贸易与非加工贸易生产、内资企业与外资企业的异质性，编制了新颖的反映最初投入要素国别属性、区分贸易方式和企业性质的非竞争型投入产出表，基于此讨论和提出新的出口经济收益核算方法，即以国民收入为视角测算出口经济收益，并实证分析2002—2012年中国整体出口、重点行业以及对主要贸易伙伴的出口经济收益，探寻该时期中国出口经济收益增长的驱动因素及其贡献程度。在贸易额快速增长的背景下，准确衡量贸易经济收益成为一个重要的问题。近年来，全球价值链研究深入开展，出口增加值取代贸易总值，成为目前广泛使用的贸易核算口径。贸易的快速发展得益于经济全球化进程的推进，而经济全球化的一个重要特征是资本全球化。在商品贸易快速发展的同时，随着各经济体对外开放程度提高和资本市场国际化进程加快，以外商直接投资为代表的生产要素的跨国流动愈发频繁。改革开放以来，中国凭借低廉的劳动力成本、稳定的经济环境、巨大的市场潜力等优势，迅速成为外商投资的主要目的地。FDI流入显著促进了我国的出口增长，同时也从中国的出口收入中获得了巨大的利润，这部分支付给外资等外国生产要素的报酬不属于中国国民收入。贸易的最终目标是增加国民收入和国民福祉，因此，以体现出口收益所有权和控制权的国民收入指标衡量出口经济效益更具参考价值。出口国民收入概念的提出具有重要的理论和现实意义，为审视贸易利益分配格局、拓展全球价值链提供了新的视角和方向，也为客观评判出口收益和贸易平衡、制定贸易政策和开展国际事务谈判提供了有价值的参考。

第3章基于完全经济收益视角提出了一种全新的外资渗透率测度指标，用以揭示中国出口和国内需求等不同经济环节的外资渗透程度，并根据外资渗透率的影响机制，利用计量模型探究不同时期外资企业份额和外资持股比例对中国出口外资渗透率的影响效果。20世纪90年代以来,中国对外开放程度不断加深,外商直接投资规模快速增长,成为全球最受欢迎的投资目的地之一。2018年博鳌亚洲论坛上,习近平提出继续在开放的条件下实现经济高质量发展,遵循该指示,有关部委出台了加快开放步伐、减少外资限制的相应措施。外资企业在提高中国技术水平、推动中国经贸发展中发挥了重要作用,但同时也对国内企业和国内资本产生了负面的挤出效应,尤其是在种业、证券、银行等重要领域,外资渗透可能引发系统安全性担忧。随着中国对外资的开放程度进一步扩大,外资渗透成为值得关注的重要议题。目前,有关外资渗透的研究相对较少,多是将其作为解释变量或控制变量,探究其对某种经济现象的影响机制和效果,而以外资渗透为主题的研究就更少了。并且,已有文献对外资渗透程度的测度指标缺乏统一定义,往往是根据数据可得性和研究关注点自行给出定义,例如,实际利用外资额、外资企业从业人员占比或外资企业销售额、企业数份额等,这些指标从不同的角度描述了外资在国内市场的渗透情况。本书提出了一种全新的外资渗透率测度指标,其优势是从我们最为关心的完全经济收益视角出发,并且能够测度外资在出口、消费、投资等不同经济环节的渗透程度;进而,以出口外资渗透率为研究关注点,将其作为被解释变量,发现不同时期外资企业份额和外资股比对出口外资渗透率的影响有所变化,一定程度上反映了外资在中国的布局调整。

第4章提出国民收入视角下的中美贸易差额核算方法,考虑到中美吸引外资规模巨大、外商投资企业出口占比较高,以反映出口收益实际控制权的国民收入视角重新审视中美贸易平衡,修正贸易总值和增加值视角对中美贸易平衡的误导。中美互为重要贸易伙伴,贸易额增长的同时,官方统计的双边贸易差额也在不断扩大。部分美国学者和官员认为进口和贸易逆差会损害美国经济,造成失业率上升、实际工资增长放缓、贫困人口增加、贫富差距扩大等社会问题,因此,美中贸易逆差扩大成为两国贸易摩擦不断的直接诱因。2016年,美国新总统唐纳德·特朗普在竞选和上任之后,对中国表现出更为明显的贸易保护倾向,并于2018年挑起大规模关税之战,给中国和全球经济发展带来了巨大的不确定性。但需要指出的是,美方强调的贸易差额是基于贸易总值视角核算得到的,在生产全球化和中间品贸易持续发展的背景下，出口额中包含着进口中间投入品的价值，因此官方公布的结果不能刻画真实的双边利益分配，甚至会对贸易平衡造成严重误导。随着贸易增加值概念的普及，基于出口增加值视角的双边贸易差额修正得到广泛认可，并取得众多研究成果，但增加值并不等同于本国收入，因此也无法从经济收益实际归属权的角度出发评判中美贸易平衡。中国和美国作为全球最重要的外资流入国，出口品的生产对外资等外国生产要素的依赖性较强，外资企业的出口占比较高，由此推测，国民收入视角下的双边贸易利得将明显有别于贸易总值和增加值视角。本书基于出口收益的实际控制权，提出以国民收入视角核算中美贸易差额，该研究能够修正传统核算口径对中美贸易平衡的扭曲，为缓解中美贸易争端提供依据，促进中美贸易谈判和有关政策制定。

第5章将单国投入产出模型中的贸易国民收入核算框架拓展到国际投入产出模型中，从而将全球价值链研究延伸至全球收入链层面，从出口分解的前向角度和最终需求拉动的后向角度，对全球收入链进行初步探讨和研究，并在经济全球化和国民收入视角下，重新审视中国、美国和欧盟三大经济体的双边贸易平衡问题。第2章和第4章利用单国非竞争型投入产出表进行测算，单国表将中间投入品区分为国产产品和进口产品，虽然可以有效剔除出口品中隐含的进口品的价值，但忽略了进口产品中隐含的本国产品价值，也难以将隐含进口品价值划归到各个经济体中。为了刻画国家、地区或经济体之间复杂的贸易关系，多区域投入产出模型和国际投入产出模型应运而生。以测算出口经济收益为例进行说明：从贸易总值视角看，国际投入产出表的优势在于，不仅可以计算一国的总出口（或双边出口），还可以计算中间产品出口和最终产品出口；从增加值视角看，国际投入产出模型的优势在于，不仅可以计算一国总出口（或双边出口）中包含的本国增加值，还可以计算出口中包含的各个贸易伙伴的增加值；从国民收入视角看，国际投入产出表的优势在于，不仅可以计算一国总出口（或双边出口）拉动的本国国民收入，还可以计算出口拉动的各个贸易伙伴的生产中所创造的本国国民收入。因此，本章以前文的研究为基础，结合国民收入和经济全球化两大视角，对全球价值链研究进行创新性拓展，开展全球收入链研究：首先，仍以国民收入作为核算口径，按经济收益实际归属权测算贸易收益和双边贸易差额；其次，以国际投入产出模型为工具，解析全球价值链，有效避免测算中出现的遗漏或重复计算问题。考虑到外资企业在中国、美国和欧盟双边贸易中发挥着不可忽视的作用，三大经济体彼此间的贸易差额将在国际表框架下得到修正，将有力地揭示经济体之间相互依赖、合作共赢的事实，有助于对抗保护主义、单边主义和逆全球化思潮，因而具有重要的现实意义。

第 6 章对全书内容进行总结，并对未来的研究方向和内容提出展望。

本书各章节既是相得益彰的个体，又共同构成一个联系紧密、一气呵成的整体，针对当前经贸领域关注的热点问题给出答案。本书内容框架如图 1-6 所示。

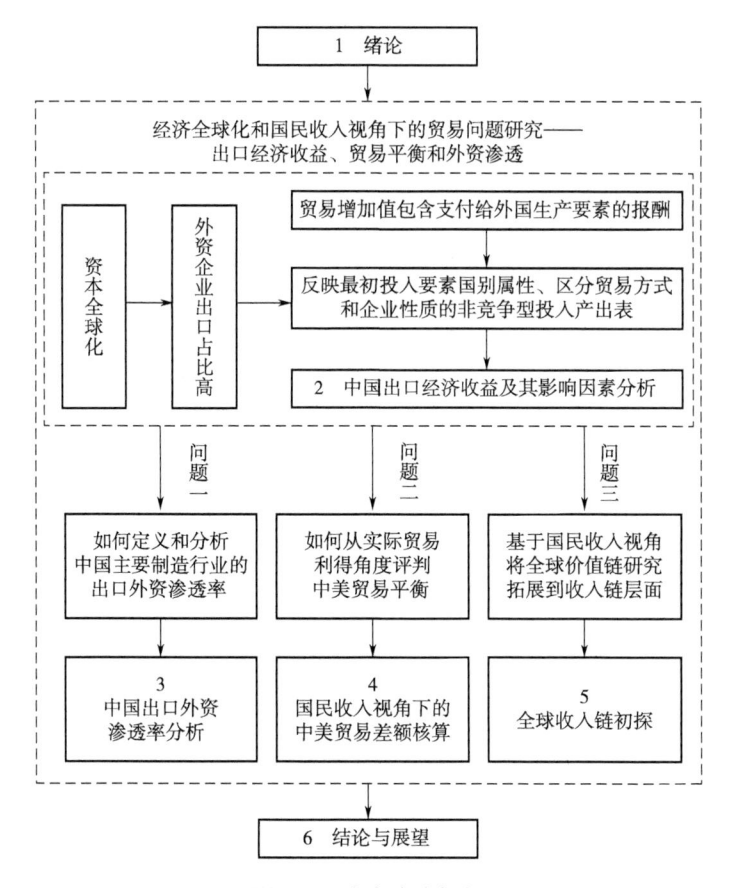

图 1-6 本书内容框架

2 中国出口经济收益及其影响因素分析

2.1 研究背景

自 2001 年加入 WTO 以来,中国的出口贸易得到快速发展,名义货物进出口总额由 2001 年的 42 184 亿元增长至 2017 年的 277 923 亿元,名义货物进口额和出口额的年平均增速分别达到 12% 和 13%。在过去的十几年中,出口导向型的发展战略一直是支持中国经济持续增长的强劲动力。若以出口增加值占 GDP 的比重测度出口对 GDP 的贡献度,中国出口对 GDP 的贡献程度从 2001 年开始持续提高,2008 年金融危机前甚至超过了 25%。

贸易的快速发展得益于经济全球化进程的推进,而经济全球化的一个重要特征是资本全球化。在商品贸易快速发展的同时,随着各个经济体对外开放程度提高和资本市场国际化进程加快,以 FDI 为代表的生产要素的跨国流动愈发频繁。图 2-1 展示了 1990—2015 年全球 FDI 的流入量、流出量及二者的增速,可以看出,世界范围内 FDI 流动量呈增长趋势,流入量和流出量的年平均增长率分别高达 30% 和 20%。

改革开放以来,中国凭借低廉的劳动力成本、稳定的经济环境、巨大的市场潜力等优势,迅速成为外商投资的主要目的地。根据图 2-2,中国实际利用外资金额由 2001 年的 497 亿美元增长至 2017 年的 1 310 亿美元左右,年平均增速约为 6.2%;FDI 始终是中国实际利用外资的主要方式,其在实际利用外商投资金额中的占比稳步提高,2001—2017 年,中国 FDI 年平均增长 6.6% 左右。

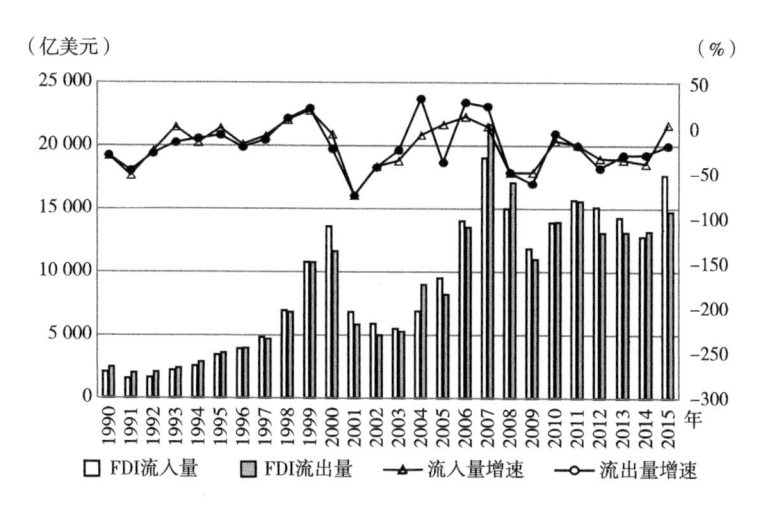

图 2-1　1990—2015 年全球 FDI 流入量、流出量及其增速

数据来源：联合国贸易和发展会议。

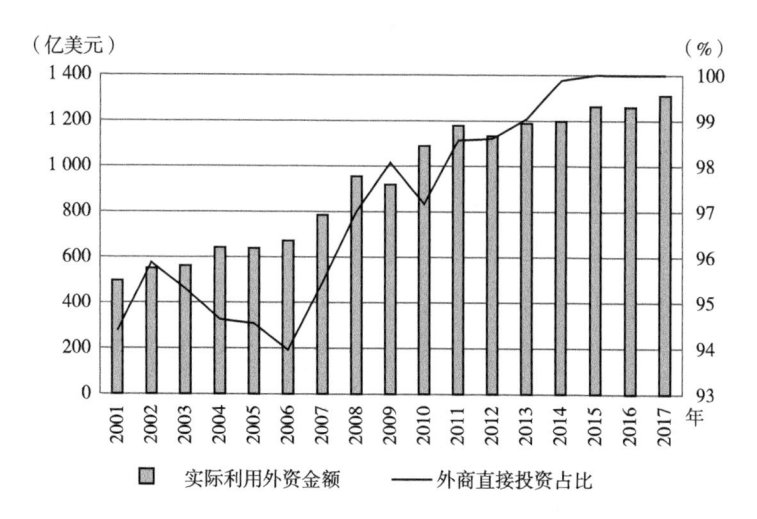

图 2-2　2001—2017 年中国实际利用外资金额及其中外商直接投资的占比

数据来源：中经网数据库。

FDI 流入显著促进了中国的出口增长。海关数据显示，2008 年之前，中国外商投资企业（以下简称"外资企业"）货物出口占总出口的比重一度接近 60%，近几年虽然有所回落，但仍然保持在 40% 以上。外资企业出口占比较高，说明中国出口品生产对外资等外国生产要素具有较强的依赖性，因此在中国的出口经济收入中，将有较大一部分用于支付外国生产要

素报酬，这部分不属于东道国的国民收入。另外，中国吸引外资规模较大，外资企业出口占比较高，由此推测，中国出口经济收入中外国国民收入的占比也相对较高。

现有的研究主要以出口增加值刻画出口经济收益。贸易的最终目标是增加国民收入和国民福祉，因此，以体现出口收益所有权和控制权的国民收入指标衡量出口经济效益更具参考意义。外国收入在符合政策要求的情况下可以随时汇出，近年来，随着中国劳动力成本提高，产业升级的需求日益迫切，部分外资被迫撤离并转向东南亚国家；日本、美国等发达国家为改善本国经济和就业，也在积极号召制造业从中国撤离继而回流本国。国内外形势的上述新变化将对中国的出口增加值指标造成较大冲击，相比之下，出口国民收入指标所受的波及较小。

以生产要素收入为视角测算贸易收益的研究较少，李昕等（2013）、郑丹青（2016）尝试利用外资企业初始股权结构信息，辨别中国加工出口中非劳动报酬的国内、国外份额，从而测算中国所获得的实际贸易利得。但从其使用的外资增加值份额计算公式可以看出，该方法只考虑了直接效应，未体现产业关联所引发的完全效应。投入产出模型在完全效应测算方面具有先天的优势，段玉婉等（2012）编制了反映初始投入要素国别属性的非竞争型投入产出表，用以计算中国的出口所拉动的国内收入。在此基础上，本章考虑中国加工贸易生产与非加工贸易生产、内资企业与外资企业的异质性，提出以国民收入为视角重新审视中国的出口经济收益，将重点分析2002—2012年中国整体出口、重点行业以及对主要贸易伙伴的出口经济收益，并探寻中国出口经济收益增长的驱动因素及其贡献。

2.2 模型和测算方法

2.2.1 反映最初投入要素国别属性的投入产出模型

反映最初投入要素国别属性的非竞争型投入产出表见表2-1。表2-1中加粗的小写字母表示向量，加粗的大写字母表示矩阵，斜体字母表示变量。假设该经济体有 n 个生产部门（或称行业），表中 $\boldsymbol{x}$ 和 $\boldsymbol{x}^M$ 为 n 维列向量，其元素 x_i 和 x_i^M（$i=1, 2, \cdots, n$，本节下同）分别表示第 i 部门的总产出和总进口；$\boldsymbol{Z}^D$ 和 $\boldsymbol{Z}^M$ 为 n 维矩阵，其元素 z_{ij}^D 和 z_{ij}^M（$j=1, 2, \cdots, n$，本节下同）分别表示第 j 部门对国产第 i 部门产品和进口第 i 部门产品的直接消耗；$\boldsymbol{f}$ 和 $\boldsymbol{f}^M$ 为 n 维列向量，其元素 f_i 和 f_i^M 分别表示该经济体对国产第 i 部门产品和进口第 i 部门产品的最终需求。

表 2-1　反映最初投入要素国别属性的非竞争型投入产出表

		中间需求 生产部门 1, 2, ⋯, n	最终需求	总产出/总进口
国内中间投入	生产部门 1, 2, ⋯, n	$\boldsymbol{Z}^D$	$\boldsymbol{f}$	$\boldsymbol{x}$
	进口中间投入	$\boldsymbol{Z}^M$	$\boldsymbol{f}^M$	$\boldsymbol{x}^M$
最初投入	P 国收入	$\boldsymbol{v}_P$		
	Q 国收入	$\boldsymbol{v}_Q$		
	其他国家收入	$\boldsymbol{v}_R$		
	总投入	$\boldsymbol{x}'$		

该模型与一般的非竞争型投入产出模型的不同之处在于增加值象限，即将"最初投入"划分为若干行，表 2-1 中以三行为例①。最初投入的第一行对应着 P 国，行向量 $\boldsymbol{v}_P$ 的元素 v_{Pi} 表示第 i 部门所消耗的 P 国最初投入，即拉动的 P 国收入；第二行对应着 Q 国，行向量 $\boldsymbol{v}_Q$ 的元素 v_{Qi} 表示第 i 部门所消耗的 Q 国最初投入，即拉动的 Q 国收入；第三行对应着除 P 国和 Q 国以外的其他国家，行向量 $\boldsymbol{v}_R$ 的元素 v_{Ri} 表示第 i 部门所消耗的其他国家的最初投入，即拉动的其他国家收入。各部门所消耗的各国最初投入的加和等于该部门消

---

① 在实际应用时，最初投入的划分可根据研究内容和研究对象确定。

耗的最初投入总额，记 n 维行向量 v 为各部门的最初投入，即增加值数额，则有 $v=v_P+v_Q+v_R$。

表 2-1 的水平方向表示各部门产品在国民经济体系中的分配和使用情况，各生产部门满足供需相等，因此有行向平衡关系如下：

中间需求＋最终需求＝总产出

由上述平衡关系式可知，第 i 部门有行向平衡关系式：

$$\sum_{j=1}^{n} z_{ij}^{D}+f_i=x_i \tag{2.1}$$

矩阵形式可写为：

$$Z^D\mu+f=x \tag{2.2}$$

其中，μ 为行向求和向量，即元素均为 1 的列向量。

投入产出模型采用列昂惕夫型生产函数，即认为中间投入与最初投入以固定比例投入生产，因此，可定义直接消耗系数矩阵 A^D、进口品消耗系数矩阵 A^M 和增加值系数行向量 a_v 如下：

$$A^D=Z^D(\hat{x})^{-1} \tag{2.3}$$

$$A^M=Z^M(\hat{x})^{-1} \tag{2.4}$$

$$a_v=v(\hat{x})^{-1} \tag{2.5}$$

公式中 "^" 表示向量所对应的对角矩阵。A^D 的元素 a_{ij}^D 表示生产一单位第 j 部门产品对国产第 i 部门产品的直接消耗量；A^M 的元素 a_{ij}^M 表示生产一单位第 j 部门产品对进口第 i 部门产品的直接消耗量；a_v 的元素 a_{vi} 表示生产一单位第 i 部门产品所直接拉动的增加值。

类似的，可定义 P 国、Q 国和其他国家的国民收入系数如下：

$$a_{vP}=v_P(\hat{x})^{-1} \tag{2.6}$$

$$a_{vQ}=v_Q(\hat{x})^{-1} \tag{2.7}$$

$$a_{vR}=v_R(\hat{x})^{-1} \tag{2.8}$$

将公式（2.3）引入公式（2.2），可得：

$$A^Dx+f=x \tag{2.9}$$

即：

$$x=(I-A^D)^{-1}f=B^Df \tag{2.10}$$

其中，I 为 n 维单位矩阵。$B^D = (I-A^D)^{-1}$ 是投入产出的核心，即著名的列昂惕夫逆矩阵，其元素 b_{ij}^D 表示生产一单位第 j 部门产品对国产第 i 部门产品的完全需要量。

2.2.2　出口经济收益分解方法

投入产出表的"最终需求"按用途可分为消费、投资和出口，借助列昂惕夫逆矩阵，可以测算各类最终需求对经济的拉动作用。本章重点关注出口的经济收益，即出口对增加值和国民收入的拉动作用。

记该经济体的出口为 n 维列向量 e，其元素 e_i 表示第 i 部门的出口额，该经济体出口拉动的各部门产出可由 $B^D e$ 算得，记为 x^e。

进而可计算出口拉动的各部门增加值，即出口增加值：

$$v^e = \hat{a}_v x^e = \hat{a}_v B^D e \tag{2.11}$$

以及出口消耗的进口品，即出口的进口含量：

$$m^e = A^M x^e = A^M B^D e \tag{2.12}$$

与此类似，可分别计算该经济体的出口 e 所拉动的 P 国、Q 国和其他国家国民收入：

$$v^{eP} = \hat{a}_{vP} x^e = \hat{a}_{vP} B^D e \tag{2.13}$$

$$v^{eQ} = \hat{a}_{vQ} x^e = \hat{a}_{vQ} B^D e \tag{2.14}$$

$$v^{eR} = \hat{a}_{vR} x^e = \hat{a}_{vR} B^D e \tag{2.15}$$

2.3　中国表及编制说明

2.3.1　中国非竞争型投入产出表

中国非竞争型投入产出表反映最初投入要素国别属性、区分贸易方式和企业性质。

中国的出口贸易长期以来具有"外资企业出口占比高"和"加工贸易出口占比高"两大特征，以 2012 年为例，中国外资企业出口占总出口的比重达到 50%，加工贸易出口占总出口的比重约为 42%。考虑到外资企业、加工贸易的生产消耗结构和分配去向，分别不同于内资企业和非加工贸易，段玉婉等（2013）编制了区分内外资企业和加工/非加工贸易的非竞争型投入产出表，以计算内资和外资企业对我国国民经济的贡献。在此基础上，进一步考虑生产要素的国别属性，将投入产出表中的增加值象限拆分为两部分，分别是属于中国的国民收入（简称"本国收入"）和属于外国的国民收入（简称"外国收入"），如表 2-2 所示。基于此表可测算中国的出口经济收益，即出口拉动的本国国民收入（简称出口"国民收入"）。

表 2-2　反映最初投入要素国别属性、区分贸易方式和企业性质的非竞争型投入产出表

		中间需求				最终需求	总产出/总进口
		DN 1, 2, ···, n	FN 1, 2, ···, n	DP 1, 2, ···, n	FP 1, 2, ···, n		
国内中间投入	DN 1, 2, ···, n	$Z^{DN,DN}$	$Z^{DN,FN}$	$Z^{DN,DP}$	$Z^{DN,FP}$	f^{DN}	x^{DN}
	FN 1, 2, ···, n	$Z^{FN,DN}$	$Z^{FN,FN}$	$Z^{FN,DP}$	$Z^{FN,FP}$	f^{FN}	x^{FN}
	DP 1, 2, ···, n	**0***	**0**	**0**	**0**	f^{DP}	x^{DP}
	FP 1, 2, ···, n	**0**	**0**	**0**	**0**	f^{FP}	x^{FP}
进口中间投入		$Z^{M,DN}$	$Z^{M,FN}$	$Z^{M,DP}$	$Z^{M,FP}$	f^M	x^M
最初投入	本国收入	v_C^{DN}	v_C^{FN}	v_C^{DP}	v_C^{FP}		
	外国收入	v_R^{DN}	v_R^{FN}	v_R^{DP}	v_R^{FP}		
总投入		$x^{DN'}$	$x^{FN'}$	$x^{DP'}$	$x^{FP'}$		

注：加粗的 **0** 代表矩阵或向量，表中代表 n 维矩阵。

表 2-2 假设中国有 n 个生产部门，根据企业性质和生产方式可将每个生产部门分为四类，即内资企业非加工贸易生产（DN）、外资企业非加工贸易

生产（FN）、内资企业加工贸易生产（DP）和外资企业加工贸易生产（FP）。同时，该表对国内中间投入和进口中间投入加以区分，并根据最初投入要素的国别属性将第三象限拆分为本国收入（C）和外国收入（R）。按照中国海关对加工贸易的定义和要求，加工贸易产品只能用于出口，因此 DP 和 FP 对四种生产类型的中间投入全部为 0。

定义直接消耗系数矩阵为：

$A^{S,T} = Z^{S,T}(\hat{x}^T)^{-1}$，$S = DN, FN, DP$ 或 FP，$T = DN, FN, DP$ 或 FP，本节下同。记

$$A = \begin{bmatrix} A^{DN,DN} & A^{DN,FN} & A^{DN,DP} & A^{DN,FP} \\ A^{FN,DN} & A^{FN,FN} & A^{FN,DP} & A^{FN,FP} \\ 0 & 0 & 0 & 0 \\ 0 & 0 & 0 & 0 \end{bmatrix}, \quad B = (I-A)^{-1}$$ 为列昂惕夫逆矩阵。

记进口品消耗系数矩阵为：

$$A^M = [A^{M,DN}, A^{M,FN}, A^{M,DP}, A^{M,FP}]$$

其子矩阵为：

$$A^{M,T} = Z^{M,T}\hat{x}^{-1}$$

记 $4n$ 维列向量 $e = \begin{bmatrix} e^{DN} \\ e^{FN} \\ e^{DP} \\ e^{FP} \end{bmatrix}$ 为本国出口，由公式（2.12）可知，中国出口中包含的进口中间投入总量为：

$$m^e = A^M Be$$

记国民收入系数行向量为：

$$a_{v,W} = [a^{DN}_{v,W}, a^{FN}_{v,W}, a^{DP}_{v,W}, a^{FP}_{v,W}], \quad W = C \text{ 或 } R$$

本节下同。其子向量为：

$$a^T_{v,W} = v^T_W \hat{x}^{-1}$$

根据公式（2.13）至公式（2.15）可知，出口拉动的本国收入和其他国家收入分别为：

$$v^{eC} = \hat{a}_{v,C}Be \qquad (2.16)$$

$$v^{eR} = \hat{a}_{v,R}Be \qquad (2.17)$$

$v^e = v^{eC} + v^{eR}$，为出口拉动的国内增加值，即出口增加值。

若要计算某一类企业出口所拉动的国民收入，即该类企业的出口国民收入，以内资企业加工贸易生产（DP）为例，其公式为：

$$v^{eC,DP} = \hat{a}_{v,C}B\,[\,0,\,0,\,e^{DP},\,0\,] \qquad (2.18)$$

其中，**0** 为元素均为 0 的 n 维行向量。

2.3.2 数据来源与处理过程

2.3.2.1 基础数据及来源

基础表为马弘等（2015）和中国科学院数学与系统科学研究院投入产出项目组编制的 2002 年、2007 年、2010 年、2012 年区分贸易方式和企业性质的非竞争型投入产出表，应用不同年份的投入产出表可以测算和对比中国出口经济收益的变动情况，并可分析其驱动因素。2012 年，中国对五大贸易伙伴，即美国、欧盟、日本、东盟和韩国的出口数据由中国海关提供，出口数据根据贸易方式和出口企业类型以 HS8 位代码统计，应用该数据可以测算和对比主要贸易伙伴对中国收入的拉动作用。

数据处理的关键步骤是拆分增加值象限，这个环节主要用到以下数据：国家统计局公布的国有控股、私营和外商及港澳台投资工业企业主要经济指标（包括实收资本、国家资本金、集体资本金、法人资本金、个人资本金、港澳台和外商资本金），按行业统计的外商投资企业年底注册登记情况（包括注册资本和外方注册资本），按行业统计的固定资产投资金额及其来源（包括国家预算资金、国内贷款、利用外资、自筹资金和其他资金），以及国际收支平衡表（BOP）中的借方职工报酬数据。

2.3.2.2 数据处理过程

数据处理的主要目标是将基础表的增加值象限按照最初投入要素的国别属性拆分为中国收入和外国收入，最终得到反映最初投入要素国别属性、区分贸易方式和企业性质的中国非竞争型投入产出表。增加值由四个细项构成，分别是固定资产折旧、营业盈余、劳动者报酬和生产税净额。

首先,生产税净额是政府从本期创造的增加值中获得的份额,可认为该部分属于东道国,即全部划入本国收入。

其次,劳动者报酬原则上应按照劳动者的国籍进行拆分,即本国劳动者所获得的报酬划入本国收入,外籍劳动者所获得的报酬划入外国收入。但在实际操作过程中,各行业劳动者的国籍及相应报酬缺乏有效的数据资料,但根据国际收支平衡表中的借方职工报酬项目和投入产出表中的劳动者报酬总数,可计算外国劳动者报酬在总劳动报酬中的占比,以此作为拆分依据。具体做法如下:记一国国际收支平衡表公布的借方职工报酬与投入产出表中劳动者报酬总额的比值为 σ,则某国某行业外国劳动者报酬等于该国该行业劳动者报酬与 σ 的乘积。σ 仅代表该经济体外国劳动者报酬的整体占比情况,而无法体现行业间的差异性,但由于外国劳动者报酬的总量相对非常小[①],因此该处理方式对最终结果的影响十分微小。

最后,固定资产折旧和营业盈余的拆分则结合数据的可得性分为三种情况:第一种,针对内资工业企业和外资工业企业,以实收资本中的国内资本金(国家资本金、集体资本金、个人资本金和部分法人资本金[②]之和)和国外资本金(港澳台地区、外商资本金和部分法人资本金之和)的比例作为拆分依据,理由是实收资本是投资者实际投入企业的各种财产,能够体现所有者对企业的基本产权关系,因此其构成比例是企业向投资者进行利润或股利分配的主要依据;第二种,针对外资非工业企业,以其注册资本中非外方注册资本和外方注册资本占比作为拆分依据,理由是注册资本是全体股东或发起人认缴的出资额或认购的股本总额,在现行制度下与实收资本的金额相等,也能体现对公司的所有权比例;第三种,对于内资非工业企业,数据相对缺乏,但国家统计局公布了此类企业的固定资产投资金额及其来源构成,根据永续盘存法可以估计此类企业的固定资产投资存量

[①] 2012年,中国国际收支平衡表中借方职工报酬为113亿元,占当年劳动者报酬和外资企业劳动者报酬的比重分别为0.04%和0.31%。

[②] 法人资本金分为国有法人资本金和其他法人资本金,因此法人资本金可能包含国外资本。本节以国内资本金、国外资本金占比为依据,将法人资本金进一步拆分成国内法人资本金和国外法人资本金。由此可以看出,最终的比例求解需要用到迭代算法。

及各种来源投资存量，而固定资产投资存量中的国内资产（国家预算资金、国内贷款、其他资金和部分自筹资金①之和）和国外资产（利用外资和部分自筹资金之和）占比，能在一定程度上反映该行业的资本所有权结构，因此，固定资产投资存量中的国外资本占比可作为内资非工业企业资本收益的拆分依据。

2.4 中国出口经济收益及其影响因素

2.4.1 中国的出口经济收益

以国民收入视角刻画出口经济收益，利用公式（2.16）、公式（2.17）可以计算出口对中国国民收入和增加值的拉动。图2-3展示了2002—2012年中国出口国民收入及其对经济的拉动作用。

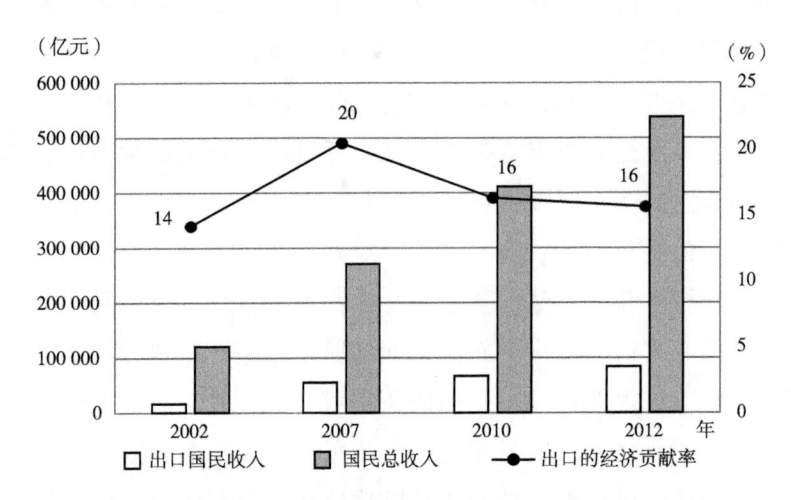

图2-3 2002—2012年中国出口国民收入及其经济贡献率

资料来源：国民总收入数据来自中经网统计数据库，图中数据未经可比价处理。

---

① 自筹资金来源广泛，其中包含国外资金。本节以国内资产、国外资产占比为依据，将自筹资金进一步拆分成自筹国内资金和自筹国外资金，最终的比例求解需要用迭代算法求得。

2 中国出口经济收益及其影响因素分析

2002—2012年，中国国民总收入（GNI）稳步增长，但增速有所放缓。按可比价计算，2002—2007年国民总收入的年平均增长率约为11.8%，此后逐步降至10%以下。出口经济收益方面，中国的出口国民收入呈现持续增长态势，尤其是2001年加入WTO至2008年金融危机爆发前，出口国民收入的年平均增速高达20.4%；但2008年金融危机爆发之后，受外需疲软的影响，出口国民收入的增速放缓，2007—2010年的平均增速仅为1.8%；此后出口收益增速随着世界主要经济体步入经济复苏轨道而逐渐回升，2010—2012年增速回升至6.7%左右，但仍远低于危机前的水平。从出口对经济的贡献程度看，若以出口增加值占GDP的比重作为测度指标，则2002年、2007年、2010年和2012年中国出口的经济贡献率分别为15%、23%、18%、18%；若以出口国民收入在国民总收入中的占比来刻画，则出口的经济贡献率明显降低，2007年达到最高，约为20%，近几年逐渐降低，2012年为16%左右。

按企业类型看，图2-4展示了中国四类企业，即内资企业非加工贸易生产（DN）、外资企业非加工贸易生产（FN）、内资企业加工贸易生产（DP）和外资企业加工贸易生产（FP）出口拉动的国民收入和增加值，从中可以看出，中国四类企业的出口国民收入均小于其出口增加值。

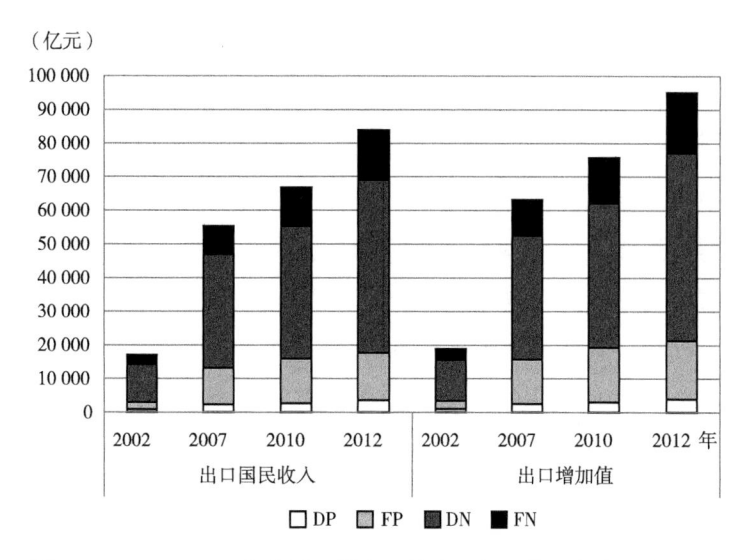

图2-4 2002—2012年中国四类企业的出口国民收入和出口增加值

注：图中数据未经可比价处理。

表 2-3 展示了中国四类企业在 2002—2012 年的不同时间段内，按可比价计算的出口国民收入和出口增加值的年平均增速情况。从中可以看出，在国民收入和增加值两种视角下，四类企业的出口经济收益增速也有明显差异。2008 年经济危机爆发前，以外资加工贸易企业为代表的四类企业的出口收益均呈现快速增长趋势。经济危机爆发后，四类企业的出口收益增速均明显放缓，相比之下，外资非加工贸易企业增速所受的影响最小，加工贸易企业的出口收益增速受挫严重。2010—2012 年，随着全球经济缓慢复苏，中国的出口经济收益增速呈现出恢复性增长特征，但外资加工贸易企业表现衰弱，其出口经济收益增速转负。

表 2-3　2002—2012 年不同时间段内中国四类企业出口经济收益的年平均增速

(%)

核算口径	时间（年）	总出口	DP 出口	FP 出口	DN 出口	FN 出口
出口国民收入	2002—2007	20.4	15.9	32.8	18.4	18.2
	2007—2010	1.8	0.7	1.9	0.7	6.1
	2010—2012	6.7	10.3	-1.5	8.5	8.5
出口增加值	2002—2007	21.2	15.8	33.4	18.8	20.1
	2007—2010	1.5	1.1	2.6	0.6	3.5
	2010—2012	6.7	9.7	-1.8	8.5	9.7

图 2-5 展示了四类企业的出口经济收益在中国总出口经济收益中的占比。横向对比可以看出，国民收入视角下内资企业出口对出口经济收益的贡献程度普遍高于增加值视角，相反，外资企业出口贡献低于增加值视角；与之相似，国民收入视角下非加工贸易类型企业的出口对出口经济收益的贡献程度普遍高于增加值视角，而加工贸易类型企业的出口贡献则低于增加值视角。纵向对比可以看出，2002—2012 年，中国外资企业和加工贸易类型企业的出口，对出口经济收益的贡献程度均呈现先升后降的趋势，这与中国加工贸易萎缩、出口导向型外资企业遭遇困境等新的形势变化密切相关。

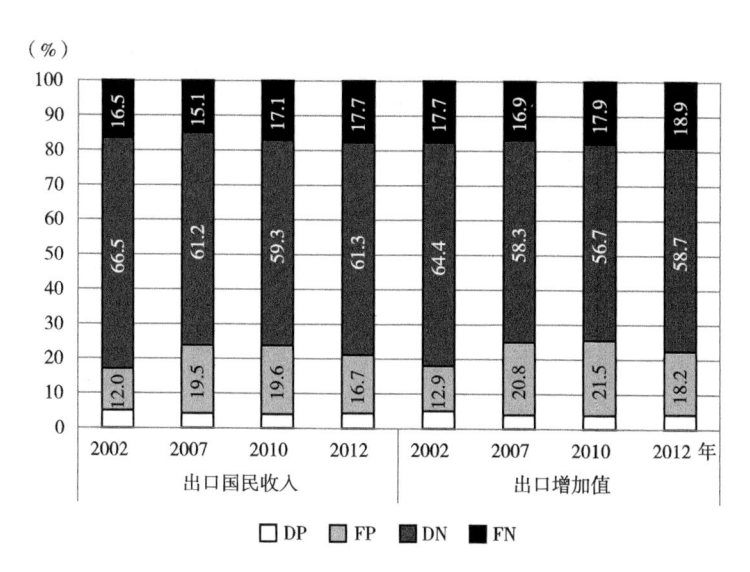

图 2-5　2002—2012 年中国四类企业出口对出口经济收益的贡献

表 2-4 展示了中国总出口和四类企业出口的经济效益，从增加值视角看，中国出口的经济效益稳步提升，但从国民收入视角看，中国出口经济效益表现为先降后升，且至 2012 年中国总出口的国民收入率仍不足 60%；按企业类型看，内资企业的出口经济效益高于外资企业，非加工贸易类型企业的出口经济效益显著高于加工贸易企业。

表 2-4　2002—2012 年中国出口国民收入率和出口增加值率　　（%）

指标	时间（年）	总出口	DP 出口	FP 出口	DN 出口	FN 出口
出口国民收入率	2002	55.0	25.3	20.2	85.1	67.1
	2007	54.4	32.8	28.5	79.3	59.1
	2010	56.4	32.0	31.4	78.3	64.4
	2012	59.3	38.8	31.0	78.9	67.8
出口增加值率	2002	60.8	27.7	24.1	91.0	79.6
	2007	62.1	35.7	34.7	86.4	75.8
	2010	63.9	35.3	38.9	84.9	76.6
	2012	67.2	42.3	38.3	85.7	82.4

注：出口国民收入率是出口国民收入与出口额之比，出口增加值率为出口增加值与出口额之比。

2.4.2 出口经济收益变动的结构分解分析

2.4.2.1 分解方法介绍

结构分解分析是应用投入产出技术开展实证研究的重要工具,其基本思想是通过将经济系统的某个因变量分解为与之相关的若干个独立自变量之和,进而测度每个自变量对该因变量变动的贡献程度。由于投入产出技术本身已考虑了部门间的完全关联特性,因此结构分解分析的结果既能体现直接贡献,也能体现间接贡献,从而可以为我们分析变量变动的驱动因素及其贡献提供更加全面的支撑。

本小节主要应用结构分解分析方法研究中国出口经济收益变动的影响因素,故因变量为中国的出口经济收益。公式(2.16)给出了总出口所拉动的各部门经济收入,即

$$v^{eC} = \hat{a}_{v,C} Be$$

v^{eC} 为列向量,对其列向求和得到的总数为总出口拉动的国民收入,记为变量 $income^e$,即:

$$income^e = \mu' v^{eC} = a_{v,C} Be \tag{2.19}$$

对两个不同的时期,有:

$$income_0^e = a_{v,C_0} B_0 e_0, \quad income_1^e = a_{v,C_1} B_1 e_1 \tag{2.20}$$

其中,下标0和1分别代表基准期和计算期。两个时期出口国民收入的变动可写为:

$$\Delta income^e = income_1^e - income_0^e = a_{v,C_1} B_1 e_1 - a_{v,C_0} B_0 e_0$$
$$= a_{v,C_1} B_1 e_1 - a_{v,C_1} B_1 e_0 + a_{v,C_1} B_1 e_0 - a_{v,C_1} B_0 e_0 + a_{v,C_1} B_0 e_0 - a_{v,C_0} B_0 e_0$$
$$= a_{v,C_1} B_1 \Delta e + a_{v,C_1} \Delta B e_0 + \Delta a_{v,C} B_0 e_0 \tag{2.21}$$

$$\Delta income^e = income_1^e - income_0^e = a_{v,C_1} B_1 e_1 - a_{v,C_0} B_0 e_0$$
$$= a_{v,C_1} B_1 e_1 - a_{v,C_0} B_1 e_1 + a_{v,C_0} B_1 e_1 - a_{v,C_0} B_0 e_1 + a_{v,C_0} B_0 e_1 - a_{v,C_0} B_0 e_0$$
$$= \Delta a_{v,C} B_1 e_1 + a_{v,C_0} \Delta B e_1 + a_{v,C_0} B_0 \Delta e \tag{2.22}$$

公式(2.21)和公式(2.22)对应着两种不同的分解方法,对二者取平均值可以得到两极分解法的结果,即:

$$\Delta income^e = \frac{1}{2}\Delta a_{v,C}(B_0 e_0 + B_1 e_1) + \frac{1}{2}(a_{v,C_1}\Delta B e_0 + a_{v,C_0}\Delta B e_1) +$$

$$\frac{1}{2}(a_{v,C_1}B_1 + a_{v,C_0}B_0)\Delta e$$

$$= \frac{1}{2}\Delta a_{v,C}\boldsymbol{\alpha} + \frac{1}{2}(a_{v,C_1}\Delta B e_0 + a_{v,C_0}\Delta B e_1) + \frac{1}{2}\boldsymbol{\beta}\Delta e \quad (2.23)$$

其中，$\boldsymbol{\alpha} = B_0 e_0 + B_1 e_1$，$\boldsymbol{\beta} = a_{v,C_1}B_1 + a_{v,C_0}B_0$。

为进一步分解，可将本国收入系数和出口按企业类型拆开，写成

$$a_{v,C} = a_{v,C}^{DP} + a_{v,C}^{FP} + a_{v,C}^{DN} + a_{v,C}^{FN} \quad (2.24)$$

$$e = e^{DP} + e^{FP} + e^{DN} + e^{FN}$$

$$= E^{DP}\bar{e}^{DP} + E^{FP}\bar{e}^{FP} + E^{DN}\bar{e}^{DN} + E^{FN}\bar{e}^{FN} \quad (2.25)$$

其中，E^T 和 $\bar{e}^T$（$T=DP$, FP, DN, FN）分别表示 T 类企业的出口总额和出口（行业）结构。

根据公式（2.24）可知：

$$\Delta a_{v,C} = \Delta a_{v,C}^{DP} + \Delta a_{v,C}^{FP} + \Delta a_{v,C}^{DN} + \Delta a_{v,C}^{FN} \quad (2.26)$$

结合公式（2.25），对 Δe 应用两极分解方法，可得：

$$\Delta e = \frac{1}{2}\Delta E^{DP}(\bar{e}_0^{DP} + \bar{e}_1^{DP}) + \frac{1}{2}(E_0^{DP} + E_1^{DP})\Delta\bar{e}^{DP} +$$

$$\frac{1}{2}\Delta E^{FP}(\bar{e}_0^{FP} + \bar{e}_1^{FP}) + \frac{1}{2}(E_0^{FP} + E_1^{FP})\Delta\bar{e}^{FP} +$$

$$\frac{1}{2}\Delta E^{DN}(\bar{e}_0^{DN} + \bar{e}_1^{DN}) + \frac{1}{2}(E_0^{DN} + E_1^{DN})\Delta\bar{e}^{DN} +$$

$$\frac{1}{2}\Delta E^{FN}(\bar{e}_0^{FN} + \bar{e}_1^{FN}) + \frac{1}{2}(E_0^{FN} + E_1^{FN})\Delta\bar{e}^{FN} \quad (2.27)$$

根据列昂惕夫逆矩阵 $\boldsymbol{B} = (\boldsymbol{I}-\boldsymbol{A})^{-1}$，对 ΔB 应用两极分解方法，可得：

$$\Delta \boldsymbol{B} = \frac{1}{2}(\boldsymbol{B}_0\Delta \boldsymbol{A}\boldsymbol{B}_1 + \boldsymbol{B}_0\Delta \boldsymbol{A}\boldsymbol{B}_1) \quad (2.28)$$

进一步可将 $\boldsymbol{A}$ 写成：

$$\boldsymbol{A} = \boldsymbol{A}^* \circ \boldsymbol{D} \circ \boldsymbol{T} \quad (2.29)$$

式中符号"∘"定义为两个矩阵对应位置的元素相乘。$\boldsymbol{A}^*$ 是中间投入系

数矩阵,与 A 不同的是, A^* 包含了进口中间投入; D 是中间投入的国产比例,即国产中间投入与中间投入总额之比; T 是国产中间品的企业来源结构,即四类企业中间投入与国产中间投入总额之比。

根据公式(2.29)可得到 ΔA 的两极分解如下

$$\Delta A = \frac{1}{2}\Delta A^* \circ (D_0 \circ T_0 + D_1 \circ T_1) + \frac{1}{2}(A_1^* \circ \Delta D \circ T_0 + A_0^* \circ \Delta D \circ T_1) +$$

$$\frac{1}{2}(A_1^* \circ D_1 + A_0^* \circ D_0) \circ \Delta T =$$

$$\frac{1}{2}\Delta A^* \circ \boldsymbol{\Gamma} + \frac{1}{2}(A_1^* \circ \Delta D \circ T_0 + A_0^* \circ \Delta D \circ T_1) + \frac{1}{2}\Lambda \circ \Delta T \quad (2.30)$$

其中, $\boldsymbol{\Gamma} = D_0 \circ T_0 + D_1 \circ T_1$, $\Lambda = A_1^* \circ D_1 + A_0^* \circ D_0$。

将公式(2.30)代入公式(2.28),可得

$$\Delta B = \frac{1}{4}[B_0(\Delta A^* \circ \boldsymbol{\Gamma})B_1 + B_1(\Delta A^* \circ \boldsymbol{\Gamma})B_0] +$$

$$\frac{1}{4}[B_0(A_1^* \circ \Delta D \circ T_0 + A_0^* \circ \Delta D \circ T_1)B_1 + B_1(A_1^* \circ \Delta D \circ T_0 + A_0^* \circ \Delta D \circ T_1)B_0] +$$

$$\frac{1}{4}[B_0(\Lambda \circ \Delta T)B_1 + B_1(\Lambda \circ \Delta T)B_0]$$

$$= \frac{1}{4}\boldsymbol{\Phi} + \frac{1}{4}\boldsymbol{\Psi} + \frac{1}{4}\boldsymbol{\Omega} \quad (2.31)$$

其中,

$$\boldsymbol{\Phi} = B_0(\Delta A^* \circ \boldsymbol{\Gamma})B_1 + B_1(\Delta A^* \circ \boldsymbol{\Gamma})B_0$$
$$\boldsymbol{\Psi} = B_0(A_1^* \circ \Delta D \circ T_0 + A_0^* \circ \Delta D \circ T_1)B_1 + B_1(A_1^* \circ \Delta D \circ T_0 + A_0^* \circ \Delta D \circ T_1)B_0$$
$$\boldsymbol{\Omega} = B_0(\Lambda \circ \Delta T)B_1 + B_1(\Lambda \circ \Delta T)B_0$$

将公式(2.26)、公式(2.27)和公式(2.31)代入公式(2.23),得到出口国民收入变动的影响因素如下:

$$\Delta income^e = \frac{1}{2}\Delta a_{v,C}^{DP}\boldsymbol{\alpha} + \quad \text{内资加工企业国民收入系数效应[1]}$$

$$\frac{1}{2}\Delta a_{v,C}^{FP}\boldsymbol{\alpha} + \quad \text{外资加工企业国民收入系数效应[2]}$$

$$\frac{1}{2}\Delta a_{v,c}^{DN}\boldsymbol{\alpha} + \qquad 内资非加工企业国民收入系数效应[3]$$

$$\frac{1}{2}\Delta a_{v,c}^{FN}\boldsymbol{\alpha} + \qquad 外资非加工企业国民收入系数效应[4]$$

$$\frac{1}{8}(a_{v,c_1}\boldsymbol{\Phi}e_0 + a_{v,c_0}\boldsymbol{\Phi}e_1) + \qquad 中间投入结构效应[5]$$

$$\frac{1}{8}(a_{v,c_1}\boldsymbol{\Psi}e_0 + a_{v,c_0}\boldsymbol{\Psi}e_1) + \qquad 中间品国产化效应[6]$$

$$\frac{1}{8}(a_{v,c_1}\boldsymbol{\Omega}e_0 + a_{v,c_0}\boldsymbol{\Omega}e_1) + \qquad 国产中间品的企业来源结构效应[7]$$

$$\frac{1}{4}\boldsymbol{\beta}\Delta E^{DP}(\bar{e}_0^{DP} + \bar{e}_1^{DP}) + \qquad 内资加工企业出口规模效应[8]$$

$$\frac{1}{4}\boldsymbol{\beta}\Delta E^{FP}(\bar{e}_0^{FP} + \bar{e}_1^{FP}) + \qquad 外资加工企业出口规模效应[9]$$

$$\frac{1}{4}\boldsymbol{\beta}\Delta E^{DN}(\bar{e}_0^{DN} + \bar{e}_1^{DN}) + \qquad 内资非加工企业出口规模效应[10]$$

$$\frac{1}{4}\boldsymbol{\beta}\Delta E^{FN}(\bar{e}_0^{FN} + \bar{e}_1^{FN}) + \qquad 外资非加工企业出口规模效应[11]$$

$$\frac{1}{4}\boldsymbol{\beta}(E_0^{DP} + E_1^{DP})\Delta\bar{e}^{DP} + \qquad 内资加工企业出口结构效应[12]$$

$$\frac{1}{4}\boldsymbol{\beta}(E_0^{FP} + E_1^{FP})\Delta\bar{e}^{FP} + \qquad 外资加工企业出口结构效应[13]$$

$$\frac{1}{4}\boldsymbol{\beta}(E_0^{DN} + E_1^{DN})\Delta\bar{e}^{DN} + \qquad 内资非加工企业出口结构效应[14]$$

$$\frac{1}{4}\boldsymbol{\beta}(E_0^{FN} + E_1^{FN})\Delta\bar{e}^{FN} \qquad 外资非加工企业出口结构效应[15]$$

(2.32)

公式（2.32）将出口国民收入变动的影响因素分为15项，以便在统一的框架内研究各因素的影响程度。其中，等号右边的前4项表示各类企业国民收入系数变动对出口国民收入的影响，简称为"国民收入系数效应"；第8到11项表示出口规模效应，第12到15项表示出口结构效应。以各效应值除以出口国民收入变动值，可得到各种效应对出口国民收入变动的相对影响程度。

表 2-5 将 15 项因素划分为国内因素和外贸因素。

表 2-5 中国出口国民收入的影响因素

类型	编号	名称
国内因素	[1]	内资加工企业国民收入系数效应
	[2]	外资加工企业国民收入系数效应
	[3]	内资非加工企业国民收入系数效应
	[4]	外资非加工企业国民收入系数效应
	[5]	中间投入结构效应
	[7]	国产中间品的企业来源结构效应
外贸因素	[6]	中间品国产化效应
	[8]	内资加工企业出口规模效应
	[9]	外资加工企业出口规模效应
	[10]	内资非加工企业出口规模效应
	[11]	外资非加工企业出口规模效应
	[12]	内资加工企业出口结构效应
	[13]	外资加工企业出口结构效应
	[14]	内资非加工企业出口结构效应
	[15]	外资非加工企业出口结构效应

2.4.2.2 实证分析

图 2-6 展示了各种因素对 2002—2012 年中国出口经济效益变动的影响。从中可以看出，出口规模、中间投入结构、中间品国产化效应的贡献突出，而非加工企业国民收入系数效应的负面影响较为明显。

结合投入产出表的年份，将 2002—2012 年划分成三个时间段，分别对三个时期内中国出口经济收益的变动进行分解，结果见表 2-6。

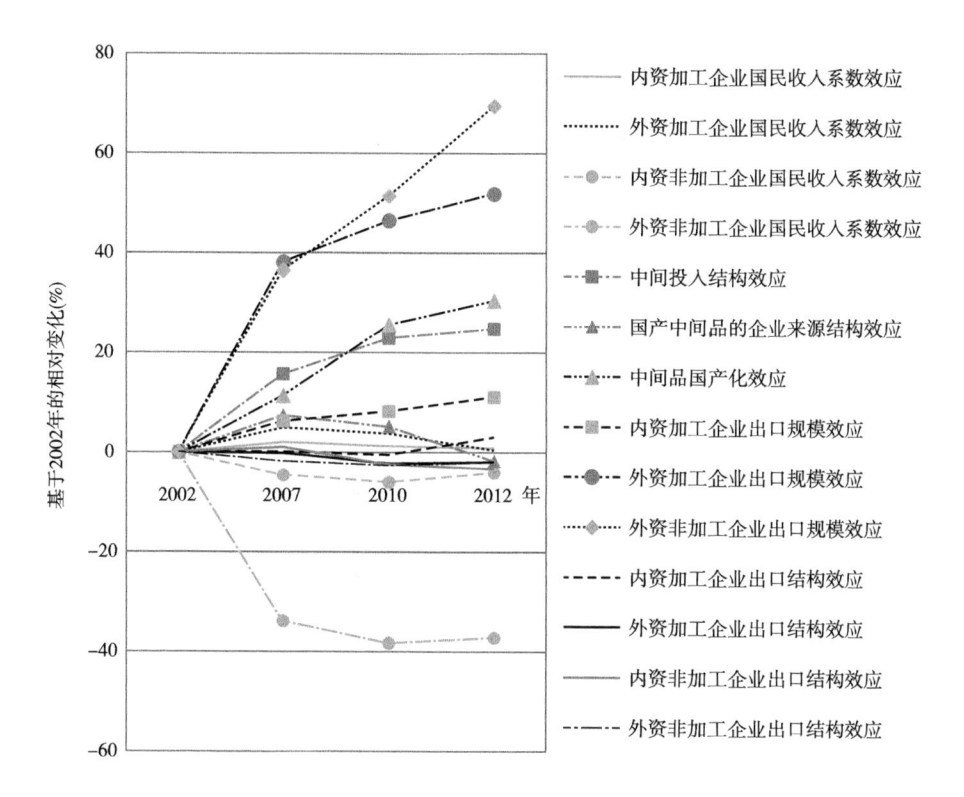

2 中国出口经济收益及其影响因素分析

图 2-6　14 项因素对中国出口经济效益变动的影响

注：为作图美观，图中未展示内资非加工企业的出口规模效应。该因素对出口拉动的国内收入的增长具有较大的正向影响，2007 年、2010 年、2012 年由该效应引起的国内收入增量分别为 2002 年出口拉动国内收入总额的 142%，179%，251%。

表 2-6　我国出口经济效益变动的 SDA 分解结果

	因素	2002—2007 年 绝对量（亿元）	2002—2007 年 相对量（%）	2007—2010 年 绝对量（亿元）	2007—2010 年 相对量（%）	2010—2012 年 绝对量（亿元）	2010—2012 年 相对量（%）	2002—2012 年 绝对量（亿元）	2002—2012 年 相对量（%）
国内因素	内资加工企业国民收入系数效应	354	2.08	-235	-0.42	-187	-0.28	146	0.86
国内因素	外资加工企业国民收入系数效应	833	4.89	-620	-1.12	-722	-1.08	74	0.43
国内因素	内资非加工企业国民收入系数效应	-5 764	-33.86	-695	-1.26	897	1.35	-6 330	-37.19

续表

因素		2002—2007年 绝对量（亿元）	相对量（%）	2007—2010年 绝对量（亿元）	相对量（%）	2010—2012年 绝对量（亿元）	相对量（%）	2002—2012年 绝对量（亿元）	相对量（%）
国内因素	外资非加工企业国民收入系数效应	-770	-4.53	202	0.37	680	1.02	-691	-4.06
	中间投入结构效应	2 663	15.65	2 120	3.84	853	1.28	4 216	24.77
	国产中间品的企业来源结构效应	1 258	7.39	-280	-0.51	-1 622	-2.43	-296	-1.74
外贸因素	中间品国产化效应	1 928	11.33	1 507	2.73	1 154	1.73	5 179	30.42
	内资加工企业出口规模效应	1 057	6.21	443	0.80	309	0.46	1 888	11.09
	外资加工企业出口规模效应	6 491	38.13	1 121	2.03	1 046	1.57	8 826	51.85
	内资非加工企业出口规模效应	24 124	141.73	6 158	11.14	11 492	17.23	42 667	250.66
	外资非加工企业出口规模效应	6 205	36.45	2 231	4.04	2 740	4.11	11 829	69.49
	内资加工企业出口结构效应	15	0.09	-54	-0.10	437	0.66	520	3.05
	外资加工企业出口结构效应	-33	-0.19	-95	-0.17	59	0.09	-335	-1.97
	内资非加工企业出口结构效应	177	1.04	-611	-1.11	-139	-0.21	-574	-3.37
	外资非加工企业出口结构效应	-305	-1.79	232	0.42	133	0.20	-330	-1.94
出口国民收入变动		38 233	224.61	11 426	20.68	17 130	25.69	66 789	392.37

时期一：加入WTO至金融危机爆发前（2002—2007年）。

加入WTO后中国的出口条件有了较大改善，公平、稳定的贸易环境和"普惠制"待遇促进了出口增长和出口市场多元化。从表2-6可以看出，这一时期大多数因素表现出正向影响。其中，中国四类企业的出口规模效应贡献突出，外资企业的表现尤其亮眼。从出口结构效应看，中国整体出口结构并未得到有效改善，外资企业出口结构效应为负，出口产品以劳动、资源密集型和低技术含量、低附加值产品为主。入世以来，中国国内市场的对外开放程度进一步加深，尽管进口总量逐年增加，但中间投入品国产化效应为正，表明国产原材料在国内市场仍具有较强的竞争优势。

从国内因素看，国民收入系数效应整体为负，该结果由非加工类型企业主导。2002—2007年，中国加工贸易正处于繁荣时期，加工出口占比始终维持在50%以上，加工类型企业国民收入系数效应为正，表明加工类型企业的经济增长质量有所提高。另外，中间投入结构效应和国产中间品企业来源结构效应均为正，反映出该阶段中国整体经济结构在不断优化和向好发展。

时期二：金融危机爆发至经济恢复前期（2007—2010年）。

金融危机爆发后，中国出口经济效益增速骤降，这一时期许多因素的影响由正转负。相比之下，出口规模仍是出口国民收入增长的最大贡献来源，但受金融危机和外需疲软的影响，加工出口在总出口中的比重降至50%以下，其出口规模效应的贡献程度有所降低。另外，出口结构效应的负面影响深化，主要原因是内资企业的出口中，国民收入系数较低的电子设备、化工和纺织服装等占比有所提高。此外，国产原材料竞争优势依然明显，中间投入品国产化效应为正。

随着加工贸易步入衰退期，其国民收入系数效应由正转负，加工类型企业的经济增长质量下降，相反，外资非加工企业的国民收入系数整体看有所提高。投入结构方面，中间投入结构效应的贡献依然十分明显，但国产中间品企业来源结构效应由正转负，整体来看，外资企业提供的中间品比例有所上升。

时期三：经济恢复中后期（2010—2012年）。

2010—2012年全球经济处于恢复调整期，中国出口经济效益有所改善，多个因素的影响作用由负转正。总体看，非加工出口规模效应的贡献始终最大，而受加工贸易转移影响，加工出口规模效应的贡献继续减弱。另外，中国整体出口结构效应转为正值，表明该时期出口产品结构得到优化和升级，相比之下，内资非加工企业出口升级压力更为明显。中间品国产化效应始终为正值，表明进口品并未对国内中间品市场造成明显冲击。

从国内因素看，加工类型企业的国民收入系数效应继续保持负值，非加工类型企业国民收入系数效应的正向作用进一步突出，表明后者的经济增长态势优于前者。投入结构方面，中间投入结构继续优化，相反，国产中间品企业来源结构的负向影响加重，表明外资企业在国内原材料供给市场上的份额进一步提高。

2.5 主要行业及对主要贸易伙伴的出口经济收益

2.5.1 主要行业的出口经济收益

本节参考勃朗宁等（Browning et al., 1975）对生产性服务业的划分标准，将投入产出表中的40个部门划分为四类行业，分别是资源行业、制造业、生产性服务业和其他行业，部门对应关系见表2-7。

表2-7 四类行业与投入产出表40个部门的对应关系

行业类别	40个部门名称	部门编号
资源行业	农业	1
	煤炭采选业	2
	石油和天然气开采业	3
	金属矿采选业	4
	非金属矿采选业	5
制造业	食品制造及烟草加工业	6
	纺织业	7
	服装皮革羽绒及其他纤维制品制造业	8
	木材加工及家具制造业	9
	造纸印刷及文教用品制造业	10
	石油加工及炼焦业	11

续表

行业类别	40个部门名称	部门编号
制造业	化学工业	12
	非金属矿物制品业	13
	金属冶炼及压延加工业	14
	金属制品业	15
	通用专用设备	16
	交通运输设备制造业	17
	电气机械及器材制造业	18
	电子及通信设备制造业	19
	仪器仪表及文化办公用机械制造业	20
	其他制造业（含废品废料）	21
生产性服务业	运输及仓储业	26
	邮电业	27
	软件服务业	28
	零售业	29
	餐饮业	30
	金融保险业	31
	租赁服务业	33
	科学研究业	34
	综合技术服务业	35
其他行业	电力及蒸汽热水生产和供应业	22
	煤气生产和供应业	23
	自来水的生产和供应业	24
	建筑业	25
	房地产业	32
	其他社会服务业	36
	教育事业	37
	卫生社会保障和社会福利业	38
	文化体育和娱乐业	39
	公共管理和社会组织	40

表 2-8 给出了中国四类行业的出口经济收益。从表中可以看出，四类行业的出口国民收入均不同程度地低于其出口增加值，出口经济收益增速在两种视角下也有明显不同。以国民收入刻画出口收益，按照可比价计算，2002—2007 年，中国资源行业和制造业的出口经济收益增速分别达到 42% 和 25%，生产性服务业和其他行业表现较弱，增速分别为 4% 和 -3%。金融危机爆发后，四类行业的出口经济收益增速发生了明显变化：资源行业呈现负增长态势，2007—2010 年和 2010—2012 年增速分别为 -45% 和 -10%；制造业低速增长，2007—2010 年和 2010—2012 年增速分别为 3% 和 5%；生产性服务业表现亮眼，2007—2010 年和 2010—2012 年增速分别达到 15% 和 19%。

表 2-8 中国四类行业的出口国民收入和出口增加值

年份	项目	资源行业（亿元）	制造业（亿元）	生产性服务业（亿元）	其他行业（亿元）
2002	出口国民收入	823	10 535	3 869	1 794
	出口增加值	870	11 775	4 239	1 927
2007	出口国民收入	6 194	41 071	5 999	1 991
	出口增加值	6 600	47 311	6 741	2 495
2010	出口国民收入	1 201	50 757	10 394	4 328
	出口增加值	1 266	57 814	11 826	4 727
2012	出口国民收入	1 074	62 035	16 337	4 364
	出口增加值	1 148	70 643	18 383	4 892

注：表中数字未经过可比价处理。

图 2-7 展示了 2002—2012 年我国四类行业的出口经济收益占比情况。对比出口国民收入和出口增加值可以发现，资源行业和生产性服务业的出口收益占比在国民收入视角下均高于增加值视角；相反，制造业的出口收益占比低于增加值视角，表明制造业出口对外国生产要素的依赖高于资源行业和生产性服务业。从时间维度看，资源行业出口收益占比先增后降，2012 年仅为 1.3% 左右；制造业的占比提高，近年来稳定在 75% 左右；生产性服务业的占比在 2002—2007 年下降幅度较大，此后逐渐反弹至 20% 左右。四类行业出口收益占比的变化在一定程度上反映了中国出口行业结构的变化。

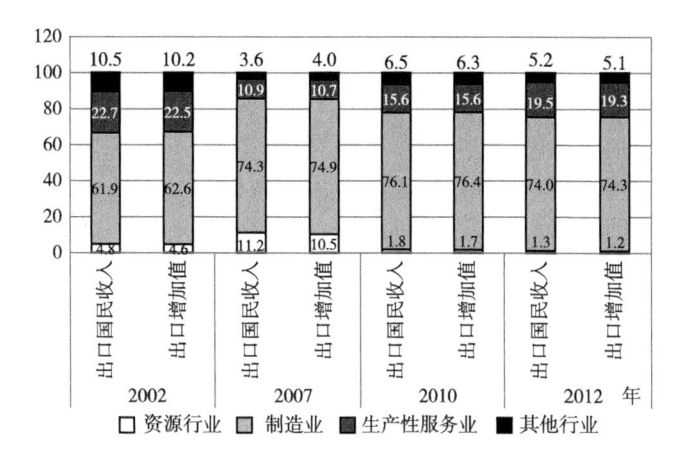

图 2-7 2002—2012 年中国四类行业出口经济收益占比情况 (%)

2.5.2 对主要贸易伙伴的出口经济收益

根据海关统计局资料，2012 年，中国对美国、欧盟、日本、东盟和韩国的货物出口总计 71 308 亿元，约占中国当年货物出口总额的 55%。图 2-8 展示了中国区分贸易方式和企业性质的四类企业对五大贸易伙伴的出口情况，由图中数据可以算出，中国对美国、日本和韩国的出口中，外资企业出口占比分别为 62%、68%、65%，加工出口占比分别为 52%、52%、53%；中国对欧盟和东盟的出口中，外资企业出口占比分别为 53% 和 39%，加工出口占比分别为 42% 和 30%。

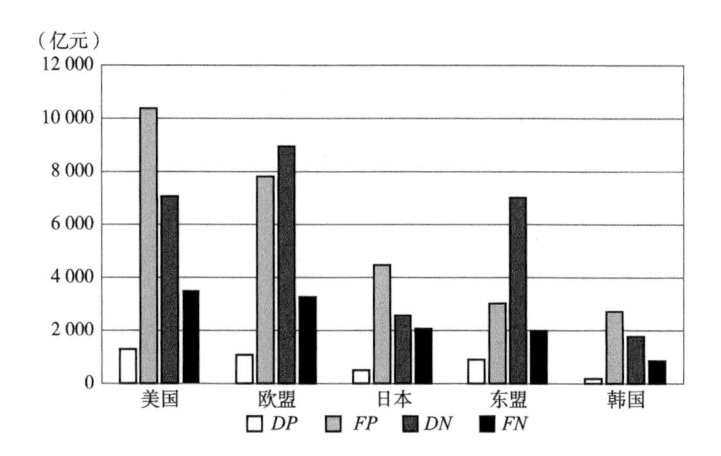

图 2-8 2012 年我国四类企业对五大贸易伙伴的出口情况

2012年，中国对五个主要贸易伙伴的出口经济效益由高到低排名分别是欧盟、美国、东盟、日本和韩国。表2-9展示了2012年中国对五大贸易伙伴的出口经济收益。从第二列的出口增加值率结果可以看出，中国向韩国、美国和日本的单位货物出口对进口中间品的依赖较强，中国向东盟和欧盟的单位货物出口对进口中间品的依赖相对较弱。在此基础上，结合出口国民收入率可知，中国向日本、欧盟和美国的单位货物出口对外国最初投入要素的依赖较强，向东盟和韩国的单位货物出口对外国最初投入要素的依赖相对较弱。直观看，一方面，加工贸易方式对进口中间品的消耗往往高于非加工贸易方式，因此，对于加工出口占比较高的贸易伙伴，中国对其出口的增加值率将比较低；另一方面，外资企业对外国最初投入要素的消耗往往高于内资企业，因此，对于外资企业出口占比较高的贸易伙伴，中国对其出口的国民收入率将比较低。因此，图2-8的出口企业结构可以在一定程度上解释表2-9给出的结果。

表2-9　2012年中国对主要贸易伙伴货物出口经济效益

贸易伙伴	出口增加值率（1）	出口国民收入率（2）	（1）~（2）	出口增加值（亿元）	出口国民收入（亿元）
美国	0.56	0.49	0.074	12 525	10 891
欧盟	0.62	0.55	0.075	13 139	11 565
日本	0.57	0.49	0.077	5 440	4 705
东盟	0.68	0.61	0.072	8 755	7 823
韩国	0.55	0.48	0.070	3 065	2 677

2.6　小结

本章提出了一种新颖的投入产出模型，即反映最初投入要素国别属性的投入产出模型，并基于该模型构建了国民收入视角下的贸易收益测算方法，更加真实、准确地评判一国的最终需求或总出口创造的经济收益。实证部分编制了考虑生产要素国别属性、区分内外资企业性质和反映加工贸易的中国非竞争型投入产出模型，解析2002—2012年中国的出口经济效益，得到了一系列重要发现和结论。

首先，2002—2012年，中国的出口国民收入呈现持续增长态势，增速波动较大；单位出口的国民收入效应呈先降后升趋势，整体水平较低，2012年仍不足60%。国民收入视角下，2012年，中国出口的经济贡献约为16%左右，低于增加值视角。按企业性质和贸易方式看，内资企业非加工出口对中国出口经济收益的贡献最大；增加值视角高估了外资企业出口和加工出口对出口经济收益的贡献；外资企业出口和加工出口的经济贡献呈先升后降态势，与中国加工贸易萎缩、出口导向型外资企业遭遇困境的现状相吻合。

其次，分析中国出口国民收入增长的驱动因素可知，出口规模效应对出口经济收益增长的贡献最大，但随着加工贸易由盛转衰，加工出口规模效应的贡献度持续降低；中国的出口结构总体保持升级趋势，但步伐较为缓慢，内资非加工企业的出口升级压力尤为明显；国产原材料在国内市场的竞争力持续增强，进口品对国内原材料市场的冲击较小；加工类型企业的经济增长质量在下滑，而非加工类型企业则不断提升，从这个角度看，中国加工贸易转移是必然趋势；中间投入结构不断优化，但国产中间品的企业来源结构不甚理想，外资企业在国内原材料供给市场上的份额有所提高，并逐渐成为制约中国出口经济效益增长的最大因素。

同时，测算显示，增加值视角将高估制造业出口对出口经济收益的贡献，低估资源行业和生产性服务业的出口贡献。中国出口行业结构变化导致行业出口收益占比变动明显。2008年金融危机之前，生产性服务业和其他行业的出口经济收益增速较低；金融危机过后，资源行业出口经济收益出现负增长，制造业增速明显放缓，生产性服务业表现亮眼。另外，2012年，中国对主要贸易伙伴出口经济收益由高到低排序依次是欧盟、美国、东盟、日本和韩国。相比而言，中国对韩国、美国、日本的出口货物更加依赖进口中间品投入，对日本、欧盟和美国的货物出口更加依赖外国资本。

最后，出口国民收入与出口增加值的差异归因于外国最初投入要素的使用，此处的外国最初投入要素主要指外国资本，故该测算框架也为外资渗透率研究提供了一种新的视角。国民收入视角修正了对传统测算视角对出口经济收益的误导，从双边和多边层面看，国民收入视角为重新认识贸易利益分配和贸易平衡提供了可能。此外，在中国倡导产业转型升级和推进"一带一路"建议的背景下，最初投入要素流出带来的收益流入同样值得关注。

3 中国出口外资渗透率分析

3.1 研究背景

1979 年，全国人大颁布《中华人民共和国中外合资经营企业法》，允许外国投资者与国内企业组建合资企业，由此打开了中国利用外资的新篇章。尤其是 20 世纪 90 年代以来，随着对外开放进程不断加深，依托丰富的劳动力资源、广阔的国内市场和互利互惠的引资政策，中国外商直接投资规模得到快速增长，自 1994 年起，中国始终保持着仅次于美国的世界第二大 FDI 流入国地位，直至目前，中国仍然是全球最受欢迎的投资目的地之一。外商直接投资是中国引进外资的主要方式，图 3-1 给出了 1983—2017 年中国实际利用外商直接投资的规模变化。

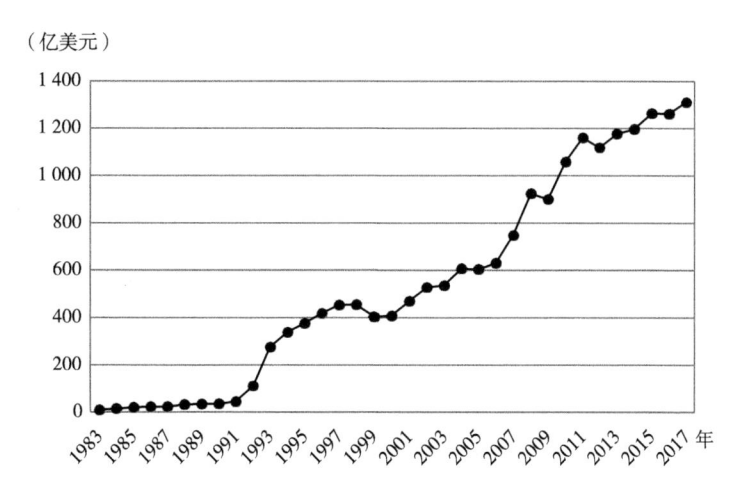

图 3-1 1983—2017 年中国实际利用外商直接投资金额

数据来源：中经网统计数据库。

结合图 3-1 回顾中国外商直接投资的发展历程，从阶段上看可分为萌芽期、快速增长期、低速增长期和持续增长期四个阶段。从外资流入的形式看，在吸引 FDI 的初期，在华投资的外商主要采取中外合资和中外合作的方式，但自 1999 年起，外商独资企业的实际利用外资金额逐渐超过中外合资企业。从外资流入的产业分布看，长期以来在华外资主要投入第二产业，尤其是制造业，但近几年随着中国开放程度扩大和经济结构调整，服务业吸引外资的增速和占比逐渐赶超制造业。从外资流入的来源地看，改革开放初期，中国外商直接投资主要来自中国的香港、澳门、台湾等地区，1992 年后，港、澳、台外资占比逐渐下降，外资来源日趋多样化。

扩大对外开放是党中央和国务院的工作要点，近年来，中国不断加快开放步伐，外商投资准入限制措施已减少近 2/3，开放的大门越开越大。习近平在 2018 年 4 月的博鳌亚洲论坛上指出，过去 40 年中国经济发展是在开放条件下取得的，未来中国经济实现高质量发展也必须在更加开放条件下进行，中国将采取对外开放重大举措，大幅度放宽市场准入，上半年完成负面清单修订。为贯彻落实习近平在博鳌论坛上重要讲话精神和党中央、国务院决策部署，国家发展改革委、商务部于 2018 年 6 月 28 日发布了《外商投资准入特别管理措施（负面清单）（2018 年版）》，对清单做了大幅精简，对第一、第二、第三产业全面放宽市场准入，对汽车和金融领域的开放做出整体安排，体现了推动新一轮高水平对外开放的信息和决心。

外资和外资企业在中国经济发展历程中扮演着重要的角色，其影响机制主要有溢出效应和挤出效应两种。由于外资和外资企业对国内资本和企业存在一定的挤出效应，因此外资的快速增长曾一度引发国内各界对于"狼来了"的担忧，关于种业、银行业、证券市场等领域外资渗透的讨论在很长一段时间内也十分激烈。但现有研究对于外资渗透程度缺乏统一的测度指标，学者们在研究中往往是根据数据可得性和关注重点自行给出定义，如实际利用外资额、外资企业从业人员占比或外资企业销售额、企业数份额等。

借助第 2 章介绍的国民收入核算视角，以考虑最初投入要素国别属性的投入产出模型为工具，可给出一种全新的外资渗透率测度指标，该指标基于完全经济收益视角，可用以揭示出口、消费、投资（国内最终需求简称为

"内需")等不同环节的外资渗透程度。与已有研究给出的定义相比,既考虑了各行业外资企业份额的影响,又能反映外资企业中外国投资者持股比例的作用,因此可以更加全面和深刻地描述外资对中国的渗透作用。进一步的,结合外资渗透率的定义,可以探究中国外资渗透率的影响因素。

本章共包括五个部分,余下内容的结构安排如下:第二部分给出外资渗透率的定义和计算方法;第三部分分析和对比中国出口外资渗透率和内需外资渗透率的变化趋势;第四部分探究中国出口外资渗透率的影响因素;第五部分给出本章的主要结论。

3.2 外资渗透率指标介绍

第 2 章介绍了反映最初投入要素国别属性的非竞争型投入产出模型,由此可以计算各种类型的最终需求(如出口或国内最终需求)所拉动的本国增加值、本国国民收入以及外国国民收入,且由模型可知,最终需求的本国国民收入效应与外国国民收入效应之和等于其本国增加值效应。

本节从经济收益实际所有权和控制权的角度出发,以最终需求创造的增加值中属于外国收入部分的占比,刻画外资在最终需求中的渗透程度,即将最终需求的外资渗透率定义为:

$$\text{外资渗透率} = \frac{\text{外国国民收入效应}}{\text{外国国民收入效应} + \text{本国国民收入效应}} = \frac{\text{外国国民收入效应}}{\text{本国增加值效应}}$$

根据该定义可知,出口(或内需)外资渗透率的数值越高,表明出口(或内需)对外国资本的依赖性越强。

由第 2 章的模型介绍可知,最终需求拉动的外国国民收入由外国资本报酬和外国劳动报酬两部分构成,因此上述以外国国民收入占比刻画外资渗透率的计算方法,实际上不仅体现了外国资本的渗透作用,也隐含着外国劳动力的渗透影响。但根据测算,中国最终需求拉动的外国国民收入中,外国资本报酬是最主要的组成部分,外国劳动报酬的占比非常小,例如,2012 年,中国出口拉动的外国国民收入中,外国资本报酬的占比高达 99.7%,外国劳动者报酬的占比仅为0.3%。外国劳动者报酬在外国国民收入效应中的占比几乎可以忽略不计，因此，可以将外国国民收入效应视为外资渗透的经济后果，进而，可以用外国国民收入效应占比刻画外资在最终需求中的渗透程度。

在第2章给出的中国投入产出模型中，出口 e 拉动的本国国民收入为：

$$v^{eC} = a_{v,C} Be \qquad (3.1)$$

出口 e 拉动的外国国民收入为：

$$v^{eR} = a_{v,R} Be \qquad (3.2)$$

记增加值率向量 $a_v = a_{v,C} + a_{v,R}$，出口 e 拉动的本国增加值为：

$$v^e = v^{eC} + v^{eR} = a_v Be \qquad (3.3)$$

因此，出口的外资渗透率为：

$$fc\_permeability^e = \frac{v^{eR}}{v^e} \qquad (3.4)$$

记国内最终需求列向量为 d，同理可知，国内最终需求拉动的本国国民收入为：

$$v^{dC} = a_{v,C} Bd \qquad (3.5)$$

国内最终需求 d 拉动的外国国民收入为：

$$v^{dR} = a_{v,R} Bd \qquad (3.6)$$

国内最终需求 d 拉动的本国增加值为：

$$v^d = v^{dC} + v^{dR} \qquad (3.7)$$

因此，国内最终需求的外资渗透率为：

$$fc\_permeability^d = \frac{v^{dR}}{v^d} \qquad (3.8)$$

3.3　中国外资渗透率分析

3.3.1　中国整体外资渗透率分析

根据2002年、2007年、2010年和2012年反映最初投入要素的国别属性，区分贸易方式和企业性质的中国非竞争型投入产出表，可以计算相应年份中国的出口外资渗透率和内需外资渗透率，结果如表 3-1。

表 3-1　2002—2012 年中国的出口外资渗透率和内需外资渗透率　　（%）

年份	出口外资渗透率	内需外资渗透率
2002	9.5	6.4
2007	12.5	9.8
2010	11.8	8.4
2012	11.8	8.5

从表 3-1 可以看出，中国出口外资渗透率经历了先升后降的变化过程：从加入 WTO 到 2008 年金融危机爆发之前，中国外商直接投资持续增长，外资企业和出口贸易进入蓬勃发展期，外资企业在货物出口中的占比一度高达 58%，中国整体出口对外资的依赖程度提高，外资企业从中国出口中获利颇丰，致使 2002—2007 年出口外资渗透率上升了 3.0 个百分点；2008 年金融危机爆发之后，全球经济步入缓慢复苏轨道，外需表现低迷，出口导向型外资企业受到较大冲击，在华外资面临着撤离或战略调整的严峻考验，这一时期内外资对出口的贡献作用逐渐减弱，整体出口对外资的依赖性有所降低，因此，2007—2012 年，中国出口外资渗透率下降了 0.7 个百分点。

中国国内最终需求的外资渗透率明显低于出口的外资渗透率，相比于出口，国内最终需求对外资的依赖程度较弱，表明进入我国的外商直接投资和外资企业主要以出口为导向。从时序变化看，我国内需的外资渗透率同样表现出先升后降的趋势，不同的是，2012 年内需外资渗透率比 2010 年提高了 0.1 个百分点，而同时段的出口外资渗透率几乎不变，这一结果验证了第 2 章的观点，即近年来外商来华投资和在华外资企业的经营战略出现调整的迹象，由前期的面向出口逐渐转向内销和拓展国内市场。

3.3.2　分行业外资渗透率分析

参考第 2 章给出的行业划分办法，将投入产出表中的 40 个行业合并为四类，资源行业、制造业、生产性服务业和其他行业。表 3-2 展示了 2002—

2012年中国四类行业的出口外资渗透率。横向对比可知，制造业的出口外资渗透率最高，其次是生产性服务业和其他行业，资源行业的出口外资渗透率相对较低。这符合在华外商直接投资的行业分布现状，中国早期吸引外资以制造业为主，2011年之前制造业吸引外资占比约为80%。纵向对比可以看出，与整体出口外资渗透率的变化趋势类似，资源行业、制造业和其他行业的出口外资渗透率在2008年金融危机前后均表现为先升后降，而生产性服务业的出口外资渗透率在较长时期内持续提升，2010—2012年才出现回落。金融危机以来，中国生产性服务业实际利用外商直接投资增速明显快于制造业，生产性服务业外商直接投资规模占比提高，制造业占比有所下降。这是导致中国生产性服务业出口外资渗透率变化趋势异于制造业的主要原因。

表3-2 2002—2012年中国四类行业的出口外资渗透率 （%）

行业类型	2002年	2007年	2010年	2012年
资源行业	5.5	6.2	5.2	6.4
制造业	10.5	13.2	12.2	12.2
生产性服务业	8.7	11.0	12.1	11.1
其他行业	6.9	20.2	8.4	10.8

图3-2给出了中国主要制造行业的出口外资渗透率，对比可知，电子及通信设备制造业、仪器仪表及办公用品制造业等的出口外资渗透率明显高于制造业平均水平，石油加工及炼焦、食品及烟草加工业等出口外资渗透率相对较低。制造业大多数行业的出口外资渗透率呈现先升后降的变化趋势，纺织业、木材及家具制造、石油加工及炼焦的出口外资渗透率逐年下降。

表3-3展示了2002—2012年中国四类行业的内需外资渗透率。受在华外资行业分布的影响，中国制造业的内需外资渗透率高于服务业，资源行业的出口外资渗透率相对较低。纵向对比可知，2002—2007年，中国制造业和生产性服务业国内最终需求对外资的依赖程度明显增强；2007—2010年，二者的内需外资渗透率均有所下降，2010年后出现回升。制造业和生产性服务业

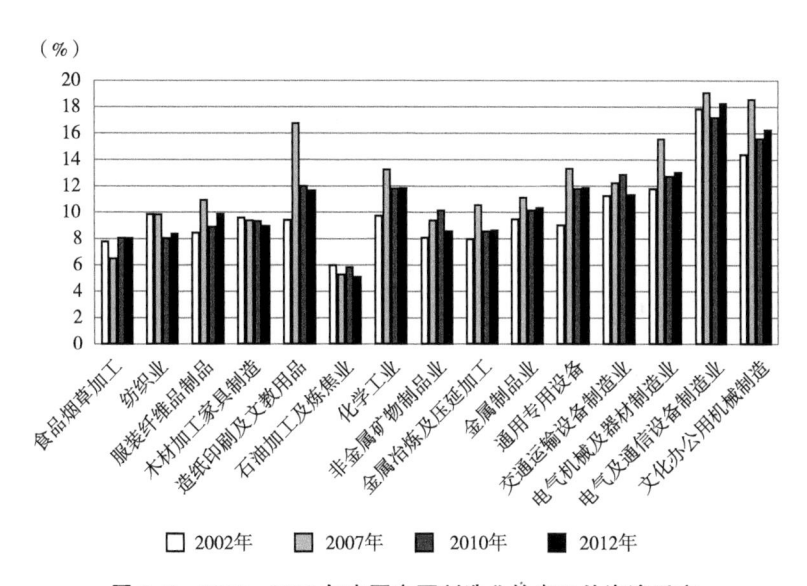

图 3-2 2002—2012 年中国主要制造业的出口外资渗透率

的内需外资渗透率与表 3-1 中国整体内需的外资渗透率表现出相同的趋势，同样验证了近年来在华外资企业的战略转型特征。

表 3-3 2002—2012 年我国四类行业的内需外资渗透率　　（%）

行业类型	2002 年	2007 年	2010 年	2012 年
资源行业	3.6	1.9	2.9	2.8
制造业	8.3	10.9	10.1	10.5
生产性服务业	5.9	10.2	8.1	8.5
其他行业	6.6	9.5	7.9	7.9

3.4 出口外资渗透率的影响因素探究

本节应用计量模型探究出口外资渗透率的影响因素和影响效果。由公式（3.1）至公式（3.4）可知，出口外资渗透率的计算公式为：

$$fc\_permeability^e = \frac{a_{v,c}Be}{a_v Be} \tag{3.9}$$

对于投入产出表中的某一个部门，其本国国民收入系数是其增加值系数的一部分，可将国民收入系数行向量与增加值率行向量的关系写为：

$$a_{v,c} = a_v \circ \omega_1 \circ \omega_2 \tag{3.10}$$

其中，符号"$\circ$"表示两个向量的对应元素相乘；行向量 ω_1 表示各部门外资企业增加值在该行业总增加值中的占比；行向量 ω_2 表示各部门外资企业中外国投资者的持股比例。

将公式（3.10）代入公式（3.9），可得：

$$fc\_permeability^e = \frac{(a_v \circ \omega_1 \circ \omega_2)Be}{a_v Be} \tag{3.11}$$

对公式（3.11）两边取对数，可以得到：

$$\begin{aligned}\ln(fc\_permeability^e) &= \ln\left[\frac{(a_v \circ \omega_1 \circ \omega_2)Be}{a_v Be}\right] \\ &= \ln[(a_v \circ \omega_1 \circ \omega_2)Be] - \ln(a_v Be) \\ &= \beta_1 \ln(\omega_1) + \beta_2 \ln(\omega_2) + \varepsilon\end{aligned} \tag{3.12}$$

除了外资企业产出占比和外商持股比例，出口规模也可对出口外资渗透率产生影响，因此我们在计量模型中加入出口额或出口占产出的比重作为控制变量。各部门自身生产结构有其特殊性，例如，以纺织服装业为代表的劳动密集型行业，对资本的依赖性相对较弱，而电子设备制造、交通运输设备制造等行业对资本、技术的要求相对较高，部门间的异质性会影响回归结果的稳健性，因此我们在模型中引入部门固定效应解释部门间的差异。此外，本章使用 2002 年、2007 年、2010 年和 2012 年投入产出表中的数据，时间跨度为 10 年，其间经济结构、技术水平等因素均发生明显变化，对此，我们还在模型中加入了时间固定效应来解释年份之间的差异。最终，出口外资渗透率的计量模型可写为：

$$\begin{aligned}\ln(fc\_permeability^e) = &\beta_1\ln(\omega_1) + \beta_2\ln(\omega_2) + \beta_3\ln(e) + \\ &\varphi Sector\_fix + \phi Year\_fix + \varepsilon\end{aligned} \tag{3.13}$$

$$\begin{aligned}\ln(fc\_permeability^e) = &\beta_1\ln(\omega_1) + \beta_2\ln(\omega_2) + \beta_3\ln\left(\frac{e}{x}\right) + \\ &\varphi Sector\_fix + \phi Year\_fix + \varepsilon\end{aligned} \tag{3.14}$$

3 中国出口外资渗透率分析

根据公式（3.13）和公式（3.14）给出的计量经济学模型，分别用 2002 年、2007 年、2010 年和 2012 年投入产出表中的 40 个部门和 16 个制造业部门的面板数据进行回归分析，结果如表 3-4。模型 1~4 对所有行业进行回归分析，估计结果显示，无论是否加入时间和部门固定效应，外资企业产出占比和外资股比的回归系数均显著为正，反映了外资企业产出份额和外资股权占比的提高，显著加大了中国出口经济收益中的外资渗透程度，符合我们的直观认识。

表 3-4 所有行业和制造业面板计量回归结果

变量名称	所有行业			所有行业	制造业
	模型 1	模型 2	模型 3	模型 4	模型 5
常数项	-1.34***	-1.38***	-1.54***	—	—
	-16.53	-18.12	-8.68		
外资企业占比	**0.05***	**0.08***	**0.09***	**0.06***	**-0.11***
	1.89	2.80	3.14	2.78	-1.81
外资股比	**0.40***	**0.37***	**0.36***	**0.41***	**0.70***
	10.92	10.55	5.23	12.09	11.32
出口额	—	—	—	-0.07***	-0.05***
				-17.76	-11.52
出口比重	-0.07***	-0.07***	-0.12***	—	—
	-3.52	-3.91	-6.61		
时间固定效应	No	Yes	Yes	No	No
部门固定效应	No	No	Yes	No	No
R^2	0.62	0.67	0.87	0.65	0.78
D.W.	1.51	1.24	2.71	1.70	1.07

注：单元格中第一行为参数估计值，第二行为 t 统计量的取值。

模型 4、模型 5 分别对所有行业和制造业进行面板回归，主要系数的估计结果差异明显。首先，对于制造业的出口外资渗透率，外资企业产出占比的回归系数为负，表明制造业外资企业产出份额的提高会降低其出口外资渗透率，说明制造业的外资企业可能采取了出口转内销的战略调整。其次，模型 5

的外资股比回归系数大于模型4，表明制造业的出口外资渗透率对其外资股份占比的灵敏度高于行业平均水平，原因有两方面：一是行业生产消耗结构的差异，对比可知，制造业在生产过程中对自身的完全消耗系数普遍大于其他行业，当自身外资股权占比提高一单位时，制造业通过完全消耗系数的作用，对自身经济效益的外资渗透率产生的放大效果将明显强于其他行业；二是外资股比与外资企业出口占比的正相关特征在制造业中表现得尤为明显，即外资股份占比较高的制造业行业，其出口中外资企业的占比也比较高，因此相比于其他行业，制造业的外资股份占比变动可通过影响其出口的企业来源结构，对出口经济收益的外资渗透率产生更大影响。

表 3-5 的模型 6~模型 9 分别对不同年份的所有行业进行回归分析。对比 2002 年和 2007 年，外资企业产出占比的回归系数显著为正且变大，至 2010 年和 2012 年，外资企业产出占比的回归系数不再显著。外资企业产出占比提高不再是出口外资渗透率提高的显著原因，反映出近年来外资企业可能逐渐放弃出口导向而转向内销战略。

表 3-5　分年度所有行业面板计量回归结果

变量名称	2002 年 模型 6	2007 年 模型 7	2010 年 模型 8	2012 年 模型 9
常数项	—	1.49 ** 2.45	—	—
外资企业产出占比	0.13 *** 4.15	0.17 *** 2.83	0.08 1.36	0.03 0.51
外资股比	0.34 *** 6.58	0.33 *** 4.39	0.44 *** 6.43	0.44 *** 6.06
部门出口	-0.08 *** -10.12	-0.15 *** -4.53	-0.06 *** -10.03	-0.07 *** -10.63
R^2	0.68	0.68	0.77	0.71
D.W.	1.95	1.78	1.78	1.81

3.5 小结

外商直接投资的快速增长在促进中国经济和贸易发展的同时，也挤压国内投资，挤占最终需求的经济收益，随着中国不断加快对外开放步伐，外国资本和外资企业的挤出效应将引发更多关注。在现有研究中，外资渗透率并没有统一的定义和测度指标，且这一变量往往作为解释变量或控制变量出现，对外资渗透率变化趋势和影响因素进行探究的研究比较少。

以第 2 章提出的增加值和国民收入视角为基础，将国民收入效应和增加值效应之间的差异看作外资的贡献，将最终需求拉动的增加值中属于外国国民收入的份额定义为外资渗透率，以此反映外国资本对中国经济收益的渗透和挤占。相比于现有研究中采用的外资企业产出份额、销售份额或就业份额等测度方式，该定义从更为重要的经济收益角度出发，且考虑了外商直接投资通过部门间的生产消耗关系对国民经济产生的完全影响。

根据上述定义，本章利用反映最初投入要素国别属性的非竞争型投入产出表，计算了中国不同类型最终需求（出口和内需）的外资渗透率及其变化趋势。受加入 WTO 和扩大对外开放，以及金融危机冲击外商投资和跨国公司的影响，中国的出口外资渗透率和内需外资渗透率在 2002—2010 年呈现出先升后降的趋势；2010—2012 年，中国出口的外资渗透率几乎保持不变，而内需的外资渗透率有所提高，出口导向型外资企业表现出面向国内市场、转向内销的战略调整迹象。分行业看，中国早期吸引外资以制造业为主，2011 年之前制造业吸引外资占比约为 80%，因此制造业的外资渗透率明显高于其他行业；随着国内产业结构和外资行业布局的调整，中国生产性服务业的外资渗透率变化尤其值得关注。

此外，本章以计量方法探究了外资企业占比，外资企业中外国投资者持股比例对中国出口外资渗透率的影响机制。结果显示，近年来，中国外资企业产出占比提高不再是出口外资渗透率提高的显著原因，制造业外资企业产出份额的提高反而会降低其出口外资渗透率。这验证了在华外资企业，尤其是制造业外资企业由面向出口到转向内销的战略调整。另外，制造业在生产过程中对自身的完全消耗系数普遍大于其他行业，外资股比与外资企业出口占比的正相关特征，在制造业中表现得尤为明显，因此，制造业的出口外资渗透率对其外资股权占比的灵敏度明显高于行业平均水平。

结合本章和第 2 章的研究结论可知，近年来，外资企业在中国扩大生产并一定不会挤占中国的经济收益和出口利润，从这一角度看，外资"狼来了"的担忧基本可以消除。受国内生产要素优势转变和政策影响，近年来，中国吸引外商直接投资的行业结构出现新变化，现代服务业和高端制造业成为吸引外资的重点行业。外资股比提升由制造业转向其他行业，将有效缓解出口经济效益的外资渗透率的提高。

4 国民收入视角下的中美贸易差额核算

4.1 研究背景

中国商务部数据显示,2016年中美双边贸易额达到5 196亿美元,相比1979年建交时的25亿美元增长了207倍,中美互为对方的第一大和第二大贸易伙伴。随着中美贸易交流日益密切,双边贸易差额也在不断扩大。按中方公布的贸易总值核算,中美货物贸易顺差由2001年的281亿美元增长至2015年的2 614亿美元,增长了8.30倍。但值得注意的是,在美中贸易逆差不断扩大的同时,美国对其主要贸易伙伴如德国、日本和墨西哥等长期以来也处于逆差状态(Blanchard and Dornbush, 1984; Lv and Wang, 2014; Pettis, 2014)。

美中贸易逆差对美国经济的利弊作用不能简单地一概而论,对此国内外学者有过诸多讨论(戴枫等,2016; Acemoglu et al., 2016; Che et al., 2016),但结论莫衷一是。部分美国学者和官员认为,进口和贸易逆差会损害美国经济,造成失业率上升、实际工资增长放缓、贫困人口增加、贫富差距扩大等社会问题,因此,随着美中贸易逆差扩大,两国的贸易摩擦风险不断升级。美国政府和制造业企业指责中国操纵汇率,频繁对中国商品发起反倾销、反补贴等贸易救济调查。中国商务部数据显示,自1980年以来,美国对中国产品共发起265起贸易救济调查,涉案金额高达298亿美元;2016年美国对华发起贸易救济调查的数量和涉案金额同比分别增长81.1%和131%。美国对华反倾销、反补贴调查频率和裁定税率之高,在世界贸易经济史上甚为罕见。且金融危机以来,美国对华贸易政策明显收紧,贸易争端涉案产业范围扩大,产业链覆盖更加全面,层次更为高端,体现出明显的战略对抗性（张军生等，2013）。

美国总统特朗普在2016年竞选期间提出，将通过向世界贸易组织申诉并提高中国进口关税以减少美中贸易逆差，此言一出，立即引起各界对中美贸易战的担忧（肖炼，2017）。2018年3月，特朗普率先对华产品加征关税及实施一系列限制措施，中国政府及时回应并采取了反制措施，新一轮的中美贸易摩擦拉开大幕并持续升级，成为2018年全球最热门的话题。历史经验表明，美国诸多不公平、不合理甚至不符合世界贸易组织规则的错误裁决，不仅直接打击了中国涉案产品所在的相关行业，也影响到上下游产业的发展（何茵等，2010；朱相宇等，2013）。同时，作为世界上两大经济体，中国和美国爆发严重的贸易摩擦，势必会给其他经济体造成巨大的冲击，给全球经济带来更多的不确定性。

然而，美国官方给出的贸易差额数据是基于贸易总值视角核算的，该结果并不能真实刻画双边利益分配和贸易平衡。随着生产全球化的深入，中间品贸易繁荣发展并成为世界经济增长的重要支撑，这种现象导致一国的出口总额中不可避免地隐含着进口中间投入品的价值。在全球价值链的理论指导下，学界提出了出口增加值的概念，借此剥离出口总值中隐含的进口品价值，并基于出口增加值视角修正贸易差额核算。但值得注意的是，出口增加值关注的是国内生产总值（GDP），并不等同于国民总收入（GNI）的概念，而国民收入才是真正属于本国的经济收益，也是人民福祉提高的根本保障。联合国贸发会议高级事务官李月芬指出，外资企业在中国的出口中发挥着重要作用，以生产所在地划分的国际贸易记录体系会扭曲国际商业活动的真实图景，中国亟须建立一个以产品所有权为基础的贸易差额统计体系（李月芬，2006）。根据属权原则，国外附属机构、在外国长期居留公民与东道国之间的商业活动，将按照资产所有权的国别标准纳入经常项目统计体系，进而以此计算修正后的贸易差额。属权原则旨在解决商业活动国界模糊对评判贸易平衡的误导，但仍有不足之处：其一，只考虑附属机构的直接交易额，忽略了产业关联所引起的完全效应；其二，仍以贸易总值为基准口径，未能融合增加值口径的优势。

综上所述，若能以国民收入视角修正贸易差额核算，将提高该指标反映贸易平衡的科学性和合理性。

根据第2章的介绍,出口增加值与出口国民收入之间相差了支付给外国生产要素的报酬,此部分不属于本国收入。王雅炯等(2007)借助国际收支平衡表推算,中国FDI留存利润占比由1996年前的99%左右逐渐下降至2004年的60%左右,预计到2006年底,中国因FDI留存利润再投资而产生的资金存量将高达2 200多亿美元。这部分利润本质上属于外国收入,在符合国家政策的条件下可以随时汇出。随着中国劳动力成本持续快速上涨,制造业外商直接投资撤离已初现端倪。若出现大规模外资撤离,那么东道国,尤其是新兴市场将面临巨大的经济损失和金融风险(蔡浩仪等,2012;韩民春等,2015)。

外国生产要素和外资企业在中美贸易中发挥着不可忽视的作用。随着各经济体对外开放程度的提高和资本市场国际化进程的加快,资本作为一种重要的生产要素,其跨国流动日益频繁。根据联合国贸易和发展组织公布的数据,1990—2015年世界外商直接投资流出量和流入量的年平均增长率分别为7%和9%。中国和美国作为全球重要的引资国,1990—2015年外资流入量占全球FDI流入量的平均比重分别达到7.7%和17.3%。外资流入在一定程度上促进了中美两国的经济发展和出口增长(Zhang,2005;冯丹卿等,2013;Lall and Narula,2013)。图4-1展示了中国和美国外商投资企业的货物出口额在各自货物出口总额中的占比情况,从中可以看出,中国自2001年加入世界贸易组织以来,外商投资企业的货物出口比重一度保持在50%以上,近几年虽有回落,但仍维持在40%以上;美国外商投资企业的货物出口比重虽然低于中国,但在2010年之后也保持在20%以上。此外,根据中国海关数据,2016年,中国外资企业对美国的货物出口额约占中国对美国货物出口总额的56%,2017年这一比例约为54%。

中美两国经济发展对净要素流入的依赖程度有明显差异,由此推测,国民收入视角核算的中美贸易差额将明显有别于增加值视角。以GDP和GNI之差占GNI的比重衡量GDP和GNI的差异程度,结果如图4-2。从图中可以看出,1981—2001年,中国GDP与GNI的差异由负转正并逐步扩大,2001年后二者的差异逐渐缩小,2009年以来又有所扩大。郑志国等(2004)指出,

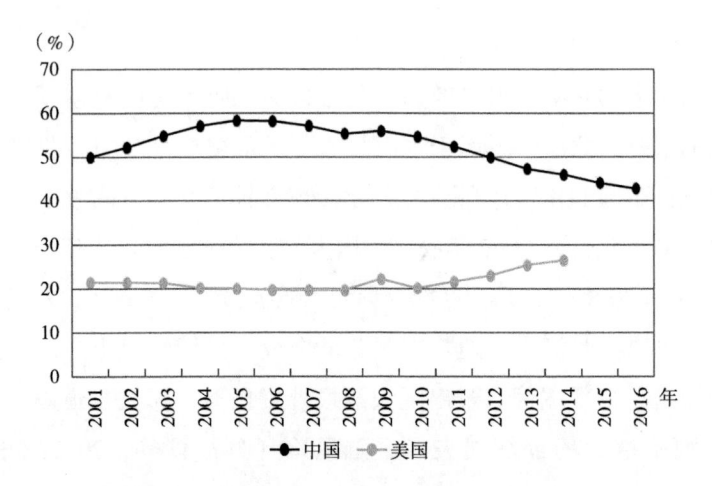

图 4-1　中国和美国外商投资企业货物出口额占其货物出口总额的比重

数据来源：中国数据来自中国海关，美国数据来自美国经济分析局。

中国来自国外的初次分配净收入，尤其是投资净收益长期为负，表明中国对外投资状况与外资引进状况很不对称，外商投资企业对中国 GNI 的贡献远低于对 GDP 的贡献。而相比于中国，美国 GDP 和 GNI 差异则小得多。

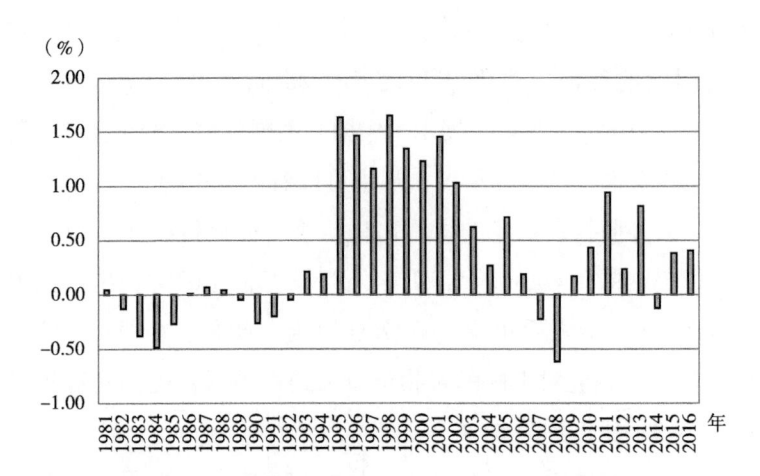

图 4-2　1981—2016 年中国 GDP 与 GNI 的差异程度

数据来源：中经网统计数据库，图中数据由（GDP-GNI）/GNI 算得。

综上所述，鉴于中美吸引外资规模巨大、外商投资企业出口占比较高，本章考虑出口收益的实际控制权，提出基于国民收入视角核算中美贸易差额。

该研究能够修正传统核算口径对中美贸易平衡的扭曲，为缓解中美贸易争端提供依据，促进中美贸易谈判和有关政策制定。同时，国民收入口径是对已有的增加值口径研究工作的一项重要补充，可为贸易和全球价值链等的研究提供一种全新的视角。

本章共包括五个部分。接下来的结构安排如下：第二部分对贸易总值、增加值和国民收入三种视角下的贸易差额核算方法进行介绍；第三部分介绍数据来源及处理过程；第四部分分析国民收入视角下的中美贸易差额核算结果，包括对主要贸易类型、重点行业的分析，并对测算结果进行稳健性检验；第五部分总结本章的创新点和给出主要结论。

4.2 贸易差额核算方法

4.2.1 基于贸易总值视角的贸易差额核算

基于贸易总值视角计算贸易差额是评估贸易平衡最常用的方法，其计算方法为出口额减进口额。利用中国官方数据和美国官方数据计算的中美贸易差额存在很大差异，例如，根据中国海关公布的进出口数据计算，2012年中美货物贸易顺差为2 189亿美元；而美国国际贸易委员会的数据显示，当年美中货物贸易逆差达到3 149亿美元，美方数据比中方高出43.9%。现有研究将这种不一致性归因于贸易计价方式、中国香港地区转口、转口利润附加和运输时滞。另外，中美贸易具有强烈的互补性，美国服务业较中国有明显优势，随着中国加入WTO，中美服务贸易也得到快速发展，美中服务贸易顺差不断扩大，能在一定程度上弥补两国货物贸易逆差。综上所述，本章考虑进出口计价、转口贸易、转口加价以及服务贸易的影响，对双边贸易差额进行修正。

首先，对以到岸价格统计的贸易数据进行计价方式转换，即扣除国际运费和保险费用，统一调整为离岸价格口径。同时，将中美双方通过中国香港地区发生的转口贸易纳入计算，对其进行计价方式转换，并结合转口利润率调整得到真实的双边转口贸易额。此外，还将考虑中美服务贸易情况。贸易总值视角下的中美贸易差额 $trade\_gap_1$ 计算公式如下：

$$trade\_gap_1 = \boldsymbol{\mu}'e^{CA} - \boldsymbol{\mu}'e^{AC} \tag{4.1}$$

其中，e^{CA} 表示中国对美国的出口列向量，e^{AC} 表示美国对中国的出口列向量，$\boldsymbol{\mu}'$ 为列向求和向量，即元素全部为1的行向量。

4.2.2 基于增加值视角的贸易差额核算

双边贸易差额的另一种常用核算口径是出口增加值，方法是：测算双边贸易对各自国内增加值的拉动作用，以二者出口增加值之差代表贸易差额。随着全球化分工日益加深，一国出口品的生产需要使用其他国家和地区的进口品作为中间投入，贸易增加值的优势在于它可以剥离出口总额中包含的进口中间投入的价值。WTO总干事帕斯卡尔·拉米指出，基于贸易总值的核算结果会造成国际贸易失衡的误导。他主张使用贸易增加值作为新的贸易统计标准，目前这种思想已经得到了众多学者和国际机构的广泛认可。

核算贸易增加值最常用的方法是投入产出技术，这方面的理论和实证研究有很多。本章以中国和美国的投入产出表为工具，分别计算中国对美国出口拉动的中国增加值、美国对中国出口拉动的美国增加值，以二者之差刻画贸易差额。记 $\boldsymbol{A}^C$, $\boldsymbol{A}^A$ 分别为中国投入产出表和美国投入产出表里的直接消耗系数矩阵，其元素表示生产一单位产品对各部门产品的直接消耗量；记 $\boldsymbol{a}_v^C$, $\boldsymbol{a}_v^A$ 分别为中国和美国的增加值系数行向量，其元素表示生产一单位产出所获得的增加值。为计算出口拉动的增加值，引入列昂惕夫逆矩阵：$\boldsymbol{B}^C = (\boldsymbol{I}^C - \boldsymbol{A}^C)^{-1}$；$\boldsymbol{B}^A = (\boldsymbol{I}^A - \boldsymbol{A}^A)^{-1}$，其中，$\boldsymbol{I}^C$ 和 $\boldsymbol{I}^A$ 均为单位矩阵，其维度分别与 $\boldsymbol{A}^C$ 和 $\boldsymbol{A}^A$ 相同。

由投入产出模型可知，中国对美国的出口 e^{CA} 拉动的中国增加值为：

$$value\_added^{e,\,CA} = \boldsymbol{a}_v^C \boldsymbol{B}^C e^{CA} \tag{4.2}$$

美国对中国的出口 e^{AC} 拉动的美国增加值为：

$$value\_added^{e,\,AC} = \boldsymbol{a}_v^A \boldsymbol{B}^A e^{AC} \tag{4.3}$$

增加值视角下的中美贸易差额 $trade\_gap_2$ 为：

$$trade\_gap_2 = value\_added^{e,CA} - value\_added^{e,AC} \quad (4.4)$$

4.2.3 基于国民收入视角的贸易差额核算

改革开放以来，中国凭借广阔的市场和优惠的外资政策吸引了大量外国投资，外资企业出口在总出口中的占比一直超过40%，中国出口的快速增长离不开外资的支持。FDI在推动经济和出口增长的同时，也通过获取、控制股权等形式从经营利润中获得资本报酬，外资企业出口所创造的国内增加值并不能全部归入中国的国民收入。对此，李宏艳等（2015）指出，跨国公司FDI因素会造成贸易利益高估；段玉婉等（2013）编制了区分内外资的中国投入产出表，测算结果显示，2007年中国每1 000美元出口拉动的591.8美元国内增加值中，只有85.6%，即506.8美元属于中国的国民收入，其余85.0美元是支付给外国资本和外国劳动者的报酬，属于国外收入。对美国而言亦是如此，美国引资金额多年位居世界第一，2012年美国外资企业出口占总出口的比重约为18%，美国出口拉动的国内增加值亦不等于其创造的国民收入。

正如前文所述，贸易增加值的实际控制权并不全部归属于东道国，以增加值测度的出口利益会因外资撤离而受到威胁，相比之下，出口拉动的本国国民收入体现了利益的实际控制权，可用于衡量一国参与贸易所获得的实际经济利益，进而刻画国际分工利益格局。中国GDP与GNP的差额明显高于美国，表明中国经济发展对净要素流入的依赖程度明显强于美国，由此推测，国民收入视角核算的中美贸易收益将明显有别于增加值视角。

国民收入是核算贸易差额的一种全新口径，思路是测算双边贸易对两个经济体国民收入的拉动作用，以二者之差衡量贸易差额。值得注意的是，一国在使用外国最初投入要素进行生产的同时，也对外输出本国的最初投入要素。因此，在测算中美双边贸易拉动的中国国民收入时，包含了两个部分：其一，中国对美国出口拉动的中国国民收入；其二，美国对中国出口拉动的中国国民收入。双边贸易对美国国民收入的拉动同样包含两个部分，即美国对中国出口拉动的美国国民收入和中国对美国出口所拉动的美国国民收入。

记 $\boldsymbol{a}_{v\_C}^C$ 和 $\boldsymbol{a}_{v\_A}^A$ 分别为中国和美国的本国国民收入系数行向量，其元素表示

生产一单位产出所创造的本国国民收入。记 $a_{v\_A}^{C}$ 为中国投入产出表中的美国国民收入系数行向量，其元素表示中国生产一单位产出所创造的美国国民收入；记 $a_{v\_C}^{A}$ 为美国投入产出表中的中国国民收入系数行向量，其元素表示美国生产一单位产出所创造的中国国民收入。

根据投入产出模型可知，中国对美国的出口 e^{CA} 拉动的中国国民收入为：

$$national\_income^{C,\ CA} = a_{v\_C}^{C} B^{C} e^{CA} \quad (4.5)$$

美国对中国的出口 e^{AC} 拉动的中国国民收入为：

$$national\_income^{C,\ AC} = a_{v\_C}^{A} B^{A} e^{AC} \quad (4.6)$$

因此，中美双边贸易拉动的中国国民收入合计为：

$$national\_income^{C} = national\_income^{C,\ CA} + national\_income^{C,\ AC} \quad (4.7)$$

中国对美国的出口 e^{CA} 拉动的美国国民收入为：

$$national\_income^{A,\ CA} = a_{v\_A}^{C} B^{C} e^{CA} \quad (4.8)$$

美国对中国的出口 e^{AC} 拉动的美国国民收入为：

$$national\_income^{A,\ AC} = a_{v\_A}^{A} B^{A} e^{AC} \quad (4.9)$$

同理，双边贸易拉动的美国国民收入合计为：

$$national\_income^{A} = national\_income^{A,\ CA} + national\_income^{A,\ AC} \quad (4.10)$$

因此，国民收入视角下的中美贸易差额 $trade\_gap_3$ 为：

$$trade\_gap_3 = national\_income^{C} - national\_income^{A} \quad (4.11)$$

4.3 数据来源与数据处理

本章主要使用四类数据：中国和美国投入产出表，中美双边贸易数据，中国和美国的企业微观数据，FDI 数据。

4.3.1 投入产出表和贸易数据

首先，中国和美国非竞争型投入产出表。对中国而言，我们采用 2012 年反映加工贸易和区分内外资企业性质的 139 个部门非竞争型投入产出表进行测算，该表是在国家统计局公布的 139 个部门非竞争型投入产出表的基础上，由马弘等（2015）利用国家统计局企业调查数据和海关公司层面贸易数据进一步编制得到的。美国的非竞争型投入产出表方面，是在美国经济分析局公布的 2012 年供给表、使用表和进口矩阵的基础上，利用推导法和产业部门工艺假定编制而成的，共包括 73 个产品部门。

其次，中美双边货物、服务及转口贸易数据。中国口径下区分企业性质和贸易类型，按 HS8 位商品编码统计的中美直接货物贸易数据来自中国海关，服务数据来自中国国家外汇管理局；根据商品编码和 IO 部门的定义可以直接将货物贸易数据对应到 IO 表的相应部门，而服务贸易数据与 IO 表的对应除了借助部门定义外，"旅游"一项还需参考外汇管理局"旅游外汇收入"中划分更为细致的数据。

为了避免中美双方统计差异对中美贸易失衡程度带来的估计偏差，我们同时采用了美国口径下的双边贸易数据，包括美国国际贸易委员会（USITC）以 HS8 位商品编码统计的中美直接货物贸易数据，以及 BEA 公布的服务贸易数据；同样的，根据商品编码和 IO 部门的定义完成货物贸易数据与 IO 表的对应，根据部门定义和 BEA 公布的赴美游客旅游消费结构完成服务贸易数据与 IO 表的对应。

为了全面、客观地揭示中美贸易平衡，需要考虑中美经中国香港地区转口的贸易数据以及转口的利润附加，中国香港地区统计处提供了 2012 年以 HS8 位商品编码统计的中国内地经中国香港地区转口至美国和美国经中国香港地区转口至中国内地的货物量，以及中国香港地区对两类转口的利润附加比率（rate of re-export margin）；根据商品编码和 IO 部门的定义，将两类转口分别对应到中国内地和美国的 IO 部门中，首先利用利润附加比率从转口额中扣除中国香港地区利润附加，然后按照 1.50% 和 5.44% 的比率从上述结果中分别扣除中国内地至中国香港地区、美国至中国香港地区的运费和保险费[①]。

4.3.2 基于企业数据和 FDI 数据拆分增加值象限

本章需要将中国投入产出表中的增加值象限拆分成中国国民收入、美国

---

① 内地至香港、美国至香港的运保费率由中国外汇管理局提供。

国民收入和其他国家国民收入，还需要将美国投入产出表中的增加值象限拆分为美国国民收入、中国国民收入和其他国家国民收入。拆分思路是：先将增加值拆分成本国国民收入和外国国民收入，再将外国国民收入拆分成美国（中国表）/中国（美国表）国民收入和其他国家国民收入。

4.3.2.1 中国表的拆分

参考第2章的介绍，可将中国表里的增加值象限拆分为本国国民收入和外国国民收入两个部分。其中，外国国民收入包括外国资本报酬和外国劳动者报酬。根据本书编制的区分生产要素国别属性的投入产出表，2012年中国的外国国民收入中，外国资本报酬的占比约为99.7%，外国劳动者报酬的占比非常低。同时，考虑到外国劳动者的国籍难以区分，仅以外资的国别属性作为拆分依据，将外国国民收入拆分成美国国民收入和其他国家国民收入。

理想情况下，各行业外国资本报酬的国别占比应该由各行业外资存量中各来源地占比代替，但实际情况是，外资存量和区分来源地的外资存量数据难以获取。国家统计局公布的实际利用外商直接投资和实际利用外商其他投资数据显示，1997—2015年，中国实际利用外商直接投资在实际利用外商总金额中的平均占比超过95%，个别年份甚至超过99%，因此，FDI存量的国别属性可以在一定程度上反映中国外资存量的国别属性，故选择FDI存量的来源地占比作为外资存量来源地占比的代理变量。

联合国贸易和发展会议公布的双边FDI数据显示，截至2011年，中国外商直接投资存量达到12 318亿美元，除去来源地未知的部分，来自发达经济体和发展中经济体的占比分别为18.93%和71.97%，具体来源地及其占比情况见图4-3。2011年中国内地外资存量中有42.76%来自中国香港地区[①]，9.87%来自英属维尔京群岛，日本、欧盟、新加坡、中国台湾地区和韩国的占比分别为6.49%、6.28%、4.30%、4.40%和4.05%，美国的占比约为5.49%。

---

① 根据联合国贸易和发展会议的数据，2011年中国香港地区FDI存量中约有4.28%来自美国。中国香港地区对内地FDI中包含来自美国的FDI，但该数据具有天然的隐蔽性，难以获取。为估算该因素的影响，假设中国香港地区对中国内地FDI中亦有4.28%来自美国的FDI，结果显示，中美贸易差额将进一步缩小，由1 028亿美元缩小至1 022亿美元。

4 国民收入视角下的中美贸易差额核算

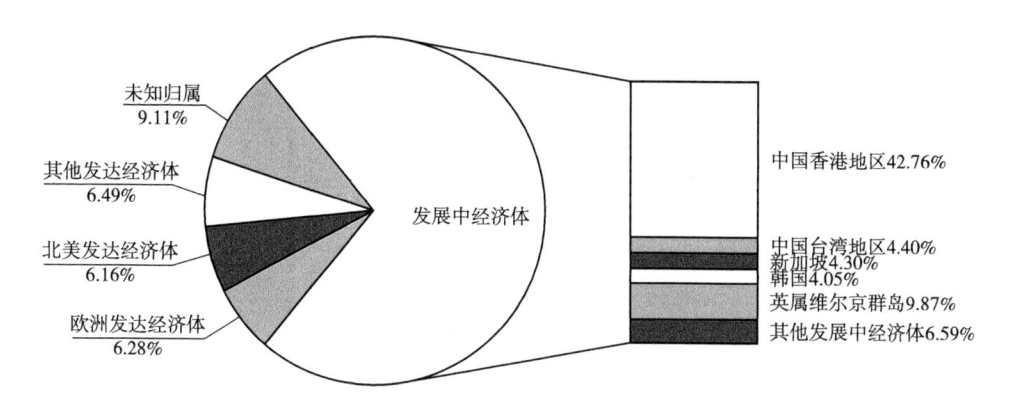

图4-3 截至2011年中国外商直接投资存量来源地占比

数据来源：联合国贸易和发展会议。

联合国贸易和发展会议虽然公布了双边FDI的存量数据，但却没有按国别和行业双重维度统计的FDI数据，意味着外国国民收入来源地占比属性的行业差异无法得到体现。根据中国国家统计局公布的按行业分的FDI实际使用金额，可以估算出2005—2011年制造业吸收的FDI占比约为53%，根据美国BEA网站公布的美国在中国FDI存量数据可知，2011年美国对中国制造业FDI存量占比约为51%，两个数据比较接近，表明美国对中国FDI至少在行业大类上的分布结构与其他国家和地区相似。鉴于中国FDI存量中来自美国的占比很小，因此，即使美国对中国FDI会集中在少数行业，但由于这些行业也会吸引来自其他国家和地区的规模更为庞大的FDI，因而可以有效地"稀释"美国FDI在这些行业中的占比，最终使得美国对中国FDI占比的行业差异较小。例如，邢（Xing，2007）对比美国和日本在中国FDI时指出，2004年美国对中国交通运输制造业的FDI存量约为1.83亿美元，是美国对中国FDI存量中占比最高的制造业行业，而当年日本对华交通运输制造业FDI存量达到4.14亿美元，有效地"稀释"了美国在中国交通运输制造业的FDI占比。

综上所述，在数据缺乏的情况下，假设在中国各行业的FDI存量中，来自美国的FDI占比为5.49%，来自其他国家（地区）的FDI占比为94.51%。依据该比例可以进一步把外国国民收入拆分为美国国民收入和其他国家（地区）国民收入。

4.3.2.2 美国表的拆分

此部分主要使用BEA网站公布的美国外商投资企业、外商控股企业的劳动者报酬和总资产数据，以及国际收支平衡表中的借方劳动者报酬；联合国贸易和发展会议公布的双边 FDI 数据，即按照外资来源地统计的美国 FDI 存量数据。

美国投入产出表未区分内资和外资企业。为了保证中国表和美国表处理方法和思路的一致性，首先，将美国各行业内资企业和外资企业的增加值加以区分；其次，将生产税净额从中剥离出来，生产税净额全部属于美国国民收入；最后，对劳动者报酬、资本报酬进行拆分，将其拆分为美国国民收入和外国国民收入。具体处理方法如下：

第一步，计算各行业内资企业和外资企业的增加值，其中，外资企业又可以分为两类，一类是外商掌握少数股权的外资公司（minority-owned affiliates，MiOA），其外国投资者所持股份介于 10%~50%；另一类是外商控股子公司（majority-owned affiliates，MaOA），其外国投资者持股比例大于 50%。具体做法是：根据美国 IO 表中各行业劳动者报酬和 BEA 公布的各行业外资企业劳动者报酬，二者相减可以得到各行业内资企业劳动者报酬；根据 BEA 公布的各行业外资企业劳动者报酬及各行业 MaOA 劳动者报酬，二者相减可得到各行业 MiOA 劳动者报酬；限于数据可得性，假设同一行业内资、外资企业增加值中劳动者报酬的占比相同，该比例可直接从 IO 表中得到，由此可估算出各行业内资企业、外资企业（MaOA，MiOA）的增加值。值得注意的是，BEA 公布的跨国企业相关报告显示，2012 年外商控股子公司对美国 GDP 的贡献为 7 738 亿美元，基于该数据对上述估算结果按比例调整，以增加估算的准确性。

第二步，将外资企业增加值中的生产税净额剥离出来，全部归入美国国民收入。外资企业增加值中的生产税净额属于美国国民收入，因此需要将它从外资企业的增加值中剥离出来。美国联邦政府对外资实行国民待遇和中立政策（张跃，2005），因此，假设同一行业内资和外资企业增加值中生产税净额的占比相同，该比例可由 IO 表算得，据此可估算各行业内资企业和外资企业的生产税净额。

第三步，对劳动者报酬和资本报酬拆分为美国国民收入和外国国民收入。该过程与中国表类似，可以归纳为三个环节。

第一，劳动者报酬的拆分。美国国际收支平衡表显示，2012年美国支付给外国劳动者的劳动报酬总计149亿美元，仅为美国劳动者报酬总额的0.17%。同样假设外国劳动者报酬均由外资企业支付，由于外国劳动者报酬总额较小，因此该假设对最终测算结果的影响很小。根据BEA公布的各行业外资企业劳动者报酬占比将上述149亿美元分配到相应行业，进而将MaOA，MiOA的劳动者报酬拆分成美国国民收入和外国国民收入。

第二，营业盈余（含固定资产折旧）的拆分。外资企业增加值扣除生产税净额和劳动者报酬，余下的部分为营业盈余。理想的处理方式是以各行业外资企业的所有者产权占比为依据，将各行业资本报酬拆分为国内收入和国外收入。然而，相关的微观层面统计数据难以获得。在数据缺乏的情况下，根据两类外资企业的定义，参考外资企业和内资企业中外国投资者持股比例分别为10%~50%和50%~100%的信息，假设所有行业外资企业中外国投资者持股比例均处于平均水平，即30%和75%的中位数水平，借此对外资企业和内资企业的资本报酬进行拆分。为了检验该假设对测算结果的影响，后文将设置多组比例进行稳健性分析。

第三，将外国国民收入拆分为中国国民收入和其他国家国民收入。根据前文测算，美国增加值中约有3 243亿美元属于外国的国民收入，其中外国劳动者报酬约为149亿美元，占比为4.4%，其余95.6%是外国资本报酬。考虑到外国劳动者国籍难以区分且其收入占比很小，与中国表的处理类似，仅以外国资本报酬的国别占比为依据，具体的，以FDI来源地占比为依据，将外国国民收入进一步划分为中国国民收入和其他国家的国民收入。

联合国贸易和发展会议公布的双边FDI数据显示，截至2011年，美国累计吸引的外商直接投资高达25 026亿美元，其中93.17%来自发达经济体。美国外资直接投资存量的来源地占比如图4-4，英国、日本和荷兰所占比重分别达到9%以上，加拿大、德国、瑞士、卢森堡和法国等主要投资来源地的占比也超过7%，而中国仅占0.15%。与中国表的处理方法类似，认为外国国民收入中仅有0.15%是属于中国的国民收入，其余99.85%是其他国家的国民收入。

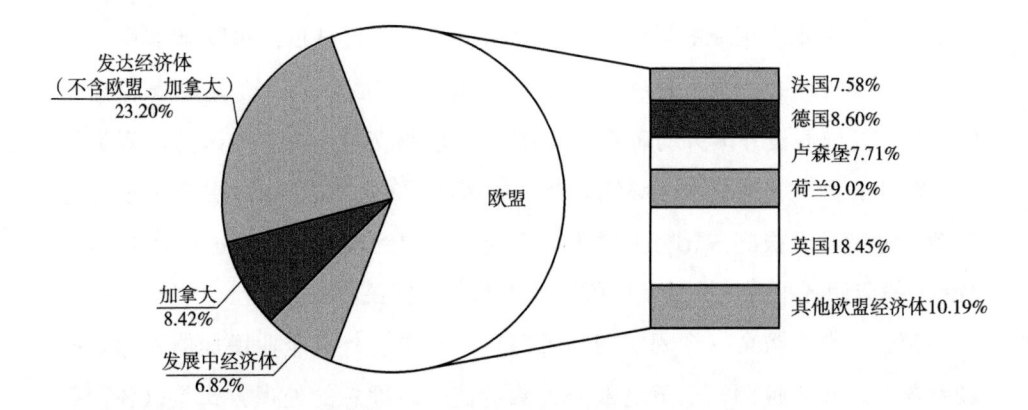

图 4-4 截至 2011 年美国外商直接投资存量来源地占比

数据来源：联合国贸易和发展会议。

4.4 实证结果分析

4.4.1 国民收入视角下中美贸易差额核算

为了全面认识中美贸易平衡问题，本节综合考虑中美直接货物贸易、服务贸易以及经香港转口贸易，利用第 3 节介绍的模型分别计算贸易总值、增加值贸易和国民收入口径下的 2012 年中美贸易差额，结果如表 4-1。国民收入口径下中美贸易顺差为 1 028 亿美元，对比表 4-1 最后两行给出的贸易总值和增加值口径下的中美贸易差额可知，2012 年基于国民收入视角核算的中美贸易顺差比贸易总值和贸易增加值口径核算的顺差分别缩小了 60.6% 和 21.8%，表明两种传统的贸易差额核算方法会不同程度地夸大中美贸易失衡。

表 4-1 前三列分别展示了中美直接货物贸易、转口贸易、服务贸易的贸易差额，图 4-5 展示了三种贸易差额在中美整体贸易差额中的占比。具体说，中美直接货物贸易和经香港转口贸易处于顺差状态，服务贸易呈现逆差，巨额的中美贸易顺差主要来源于直接货物贸易。对比三种口径发现，国民收入口径下中美直接货物贸易顺差和转口贸易顺差比贸易总值口径分别缩小

58.0%和57.0%，比增加值口径分别缩小19.2%和19.0%；中美服务贸易逆差比贸易总值口径扩大31.4%，比增加值口径扩大23.7%。这说明在贸易总值和贸易增加值口径下，中美直接货物贸易和转口贸易的失衡程度被夸大了，相反，中美服务贸易的失衡程度却被低估了。这与中美货物贸易和服务贸易对进口中间投入、外资等外国生产要素的依赖程度有关，后文将给出详细解释。

表4-1　2012年中美贸易差额　　　　　　　　　　　　（亿美元）

核算内容	直接货物贸易	转口贸易	服务贸易	总贸易
贸易拉动中国国民收入（1）	1 907	160	195	2 262
贸易拉动美国国民收入（2）	868	69	297	1 234
国民收入口径下的顺差（1）（2）	**1 039**	**91**	**−102**	**1 028**
贸易总值口径下的顺差	2 473	211	−77	2 607
增加值口径下的顺差	1 285	112	−82	1 315

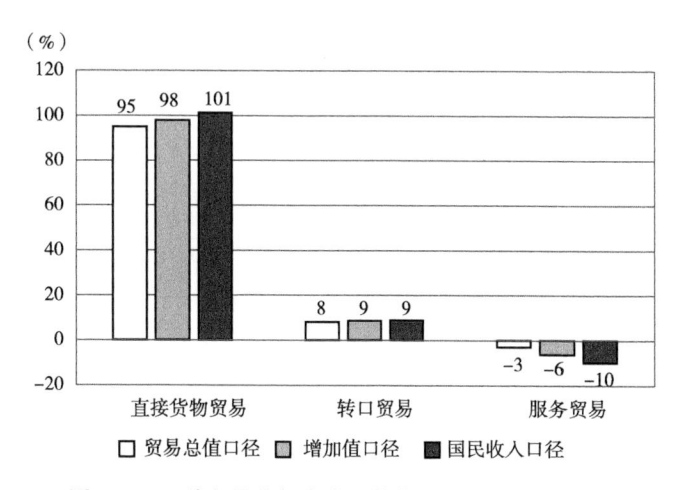

注：表中数据之差、数据之和可能因数位保留而略有不一致，下同。

图4-5　三种贸易差额在中美整体贸易差额中的占比

上述计算用到的中国和美国投入产出表分别有139和73个部门，为了对中美行业层面的贸易差额进行分析，需要对两国部门分类进行一致性调整。中国表和美国表分别对制造业和服务业的部门分类更为细致，在信息缺乏的情况下，部门拆分会增加误差，因此，在尽可能保留更多部门信息的原则下，根据部门含义将中国 IO 表的 139 个部门和美国 IO 表的 73 个部门统一合并至 36 个部门，具体部门对应结果见表 4-2。

表 4-2　中国 139 个部门、美国 73 个部门与 36 个部门对应表

36 个部门编码	36 个部门定义	中国 139 个部门编码	美国 73 个部门编码
1	农林牧渔业	1~5	1, 2
2	采矿业	6~11	3~5
3	公共事业设备	96~98	6
4	建筑	99~102	7
5	木材制品	34	8
6	非金属矿物制品	52~58	9
7	初级金属	59~63	10
8	金属制品	64	11
9	机械制造业	65~74	12
10	电子产品	86~92	13
11	电气设备制造业	80~85	14
12	运输设备制造业	75~79	15, 16
13	家具	35	17
14	其他制造业	38, 93	18
15	食品烟酒制造业	12~25	19
16	纺织业	26~30	20
17	服装及皮革制品	31~33	21
18	造纸和纸制品	36	22
19	印刷业	37	23
20	石油及煤产品	39、40	24
21	化学制品	41~49	25
22	塑料及橡胶制品	50, 51	26
23	批发和零售	103	27~31
24	运输服务	104~109、111	32~38
25	仓储	110	39
26	信息技术服务	114, 115, 133, 134	40~43
27	金融服务	116~118	44~47

续表

36个部门编码	36个部门定义	中国139个部门编码	美国73个部门编码
28	房地产	119	48, 49
29	租赁和商务服务	120~122	50~56
30	教育	130	57
31	医疗卫生	131	58~60
32	居民服务	128, 132	61
33	文娱服务	135~137	62, 63
34	住宿	112	64
35	餐饮	113	65
36	其他服务业	94, 95, 123~127, 129, 138, 139	66~73

分行业看，中美贸易有较为明显的互补性。除去没有贸易往来的行业，即公共事业、仓储、房地产、医疗卫生和居民服务，余下的31个行业中有19个行业呈现中美贸易顺差，12个行业处于逆差。图4-6和图4-7显示，中美贸易顺差的主要行业是电子产品、服装皮革、批发零售和电气设备等，逆差的主要行业是农林牧渔业、交通运输设备和一些高端服务业，即中国对美国主要出口低端制造业产品，而美国对中国的出口集中在大宗商品和高技术产品上，由此可以得出中美双边贸易具有较强互补性的结论。

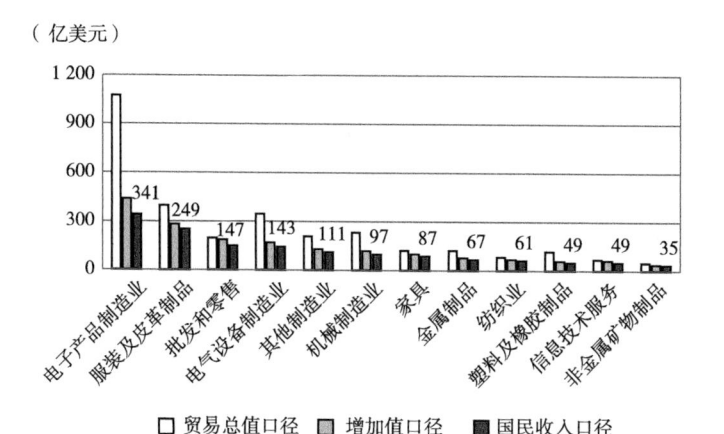

图4-6 2012年表现为中美顺差的主要行业及其贸易差额

图 4-7 2012 年表现为中美逆差的主要行业及其贸易差额

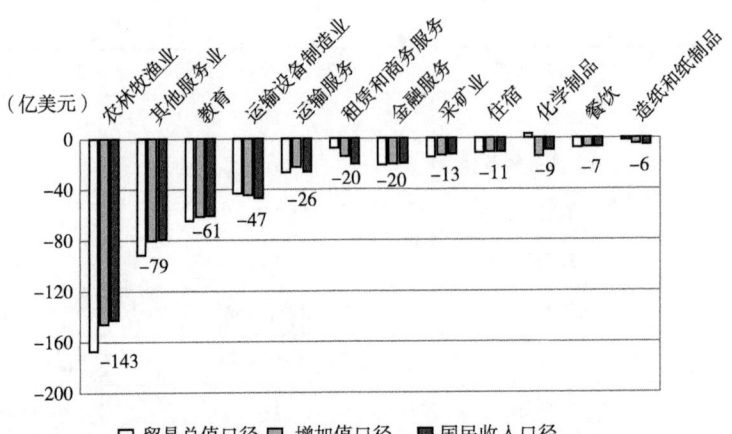

注：负号仅表示中美逆差。

图 4-6 展示了中美处于贸易顺差的主要行业。对比三种核算口径可以发现，12 个行业均有以下特征：以国民收入口径核算的贸易顺差低于增加值口径，二者又进一步低于贸易总值口径。例如，国民收入口径下，电子行业的中美顺差比贸易总值和增加值口径分别缩小了 68% 和 22%，服装及皮革制品的顺差比贸易总值和增加值口径缩小了 37% 和 11%。这表明以实际经济利益分配作为评价标准，中国相关行业的出口失衡程度将减弱。

图 4-7 展示了国民收入口径下处于中美贸易逆差的 12 个行业。其中有 6 个行业的贸易逆差相比贸易总值和增加值口径有所减小，如农林牧渔业，其逆差比贸易总值和增加值口径分别缩小 14% 和 2%；有 3 个行业的贸易逆差相比贸易总值和增加值口径有所增大，如运输设备制造业，其逆差比贸易总值和增加值口径分别扩大 9% 和 5%；另外，运输服务、住宿、餐饮业的贸易差额相比贸易总值口径缩小，但相比增加值口径扩大；化学制品在贸易总值口径下呈现中美顺差，而在国民收入和增加值口径下却转为逆差。

此外，虽然中国投入产出表只更新到 2012 年，但 2015 年的中美双边贸易数据均可获得。在假设 2012 年至 2015 年两国经济结构均不发生明显变化的前提下，可借助2012年投入产出表核算2015年中美贸易差额，为理解新时期中美贸易平衡提供参考。经测算，2015年国民收入口径下的中美贸易顺差约为1 357亿美元，比贸易总值和增加值口径分别缩小62.4%和19.4%；相比2012年，中美贸易差额增长了329亿美元，增幅为32%。具体测算结果见表4-3[①]。

表4-3　2015年中美贸易差额　　　　　　　　　　（亿美元）

核算内容	直接货物贸易	转口贸易	服务贸易	总贸易
贸易拉动中国国民收入（1）	2 340	162	257	2 758
贸易拉动美国国民收入（2）	897	69	435	1 401
国民收入口径下的顺差（1）(2)	**1 442**	**93**	**-178**	**1 357**
贸易总值口径下的顺差	3 004	215	-152	3 607
增加值口径下的顺差	1 723	115	-154	1 684

4.4.2　中美1 000美元出口的国民收入拉动效应分析

为了更好地解读国民收入视角下的中美贸易差额的结果，本节将剖析中美单位出口的国民收入拉动效应。如表4-4的最后一列所示，2012年中国对美国1 000美元出口中蕴含556.6美元的本国国民收入，仅为其出口增加值的87.7%，而美国对中国1 000美元出口所蕴含的本国国民收入为835.3美元，约占其出口增加值的96.2%；中国对美国1 000美元出口能为美国带来4.3美元的国民收入，而美国对中国的出口仅能创造0.05（因数位保留原因，表中显示为0.0）美元的中国国民收入。可见，中国单位出口的国民收入拉动效应远低于美国，且中国出口中蕴含的美国国民收入大于美国出口所带来的中国国民收入。这两方面差异是导致国民收入口径下的中美贸易顺差明显低于贸易总值和增加值口径的直接原因。

---

① 考虑到经济结构变动的现实情况，2015年的测算结果并不是完全准确的，故仅作为参考和补充。本章的分析以2012年为主。

表 4-4　中国对美国、美国对中国 1 000 美元出口的收入拉动效应（美元）

核算内容		直接货物贸易	转口贸易	服务贸易	总贸易
中对美出口	中国国民收入（1）	542.0	547.1	770.5	556.6
	美国国民收入（2）	4.2	4.3	5.2	4.3
	外国国民收入（3）	72.7	74.8	89.7	73.9
	出口增加值（1）+(2)+(3)	618.9	626.2	865.4	634.8
	本国国民收入/出口增加值（%）	**87.6**	**87.4**	**89.0**	**87.7**
美对中出口	美国国民收入（4）	816.7	836.2	894.0	835.3
	中国国民收入（5）	0.1	0.1	0.03	0.0
	外国国民收入（6）	37.7	38.1	17.5	33.2
	出口增加值（4）+(5)+(6)	854.5	874.4	911.5	868.5
	本国国民收入/出口增加值（%）	**95.6**	**95.6**	**98.1**	**96.2**

对比中国对美国 1 000 美元出口和美国对中国 1 000 美元出口所蕴含的国内增加值、本国国民收入，前者分别仅为后者的 73.1% 和 66.6%。根据程等（Cheng et al.，2012）的研究，单位出口拉动的国内增加值与国外增加值之和等于 1，中国对美国单位出口所蕴含的中国国内增加值低于美国对中国单位出口所蕴含的美国国内增加值，表明中国出口对进口的依赖程度高于美国。另外，对比两国的完全进口中间投入系数也可以得到相同的结论，美国平均完全进口中间投入系数为 0.099，低于中国非加工贸易生产的 0.150 和加工贸易生产的 0.651，并且，对进口中间投入依赖性更强的加工出口，在中国对美国总出口中的占比高达 49%，使得中国整体出口中隐含的进口品价值明显高于美国。表 4-4 测算结果显示，中国对美国出口蕴含的中国国民收入进一步低于美国对中国出口蕴含的美国国民收入，根据前文的模型介绍，出口中蕴含的本国国民收入与外国国民收入之和等于出口增加值，该结果表明，中国出口增加值中隐含的外国国民收入高于美国。由此可认为，中国出口对外资等外国生产要素的依赖程度高于美国。

此外，对比表 4-4 前三列直接货物贸易、经中国香港地区转口贸易和服务贸易的收入拉动效应可以发现，中国对美国 1 000 美元直接货物出口和转口所蕴含的本国国民收入比其服务出口分别低29.7%和29.0%，美国对中国1 000美元直接货物出口和转口所蕴含的本国国民收入比其服务出口分别低8.6%和6.5%，表明两国直接货物贸易和经香港转口贸易对本国国民收入的拉动作用远小于服务贸易。这可以归因于两个方面：首先，对比表4-4中三种贸易类型下的出口增加值，中国对美国单位直接货物出口和转口所蕴含的国内增加值比其服务出口分别低28.5%和27.6%，美国对中国单位直接货物出口和转口所蕴含的国内增加值比其服务分别低6.3%和4.1%，表明中美两国货物出口对进口中间投入的依赖程度高于服务出口，货物出口的国内附加价值远低于服务出口；其次，对比表4-4中三种贸易类型下本国国民收入与出口增加值的比率，直接货物贸易和转口贸易的出口增加值中属于本国国民收入的占比均低于服务贸易，表明货物出口对外资等外国生产要素的依赖程度高于服务出口，即中美两国制造业的外资渗透程度高于服务业，因此货物出口的国民收入"流失"现象比服务出口更为明显。

4.4.3　中美各行业国民收入拉动效应分析

上文提到中美各自1 000美元出口的国民收入拉动效应存在明显差异，造成该差异的直接原因有两方面，一是中美两国在行业层面上单位出口的国民收入拉动效应不同，二是中美两国的出口结构不同。

在对比中美各行业单位出口的国民收入拉动效应之前，首先比较中美36个行业的出口增加值率（见图4-8）。比较中国国内的四种生产方式，非加工贸易生产的完全增加值率明显高于加工贸易，印证了加工贸易附加值率很低的说法：对于非加工贸易类型，几乎所有行业均表现为内资企业的完全增加值率高于外资企业；而对于加工贸易类型，有2/3的行业表现为外资企业的完全增加值率高于内资企业。比较中美行业完全增加值率，中国的服装及皮革制品、农林牧渔业、运输设备制造业等高于美国，美国的电子产品、租赁和商务服务、信息技术服务等高于中国，表明中国和美国的行业优势分别体现在资源、劳动密集型产品和资本、技术密集型产品上。

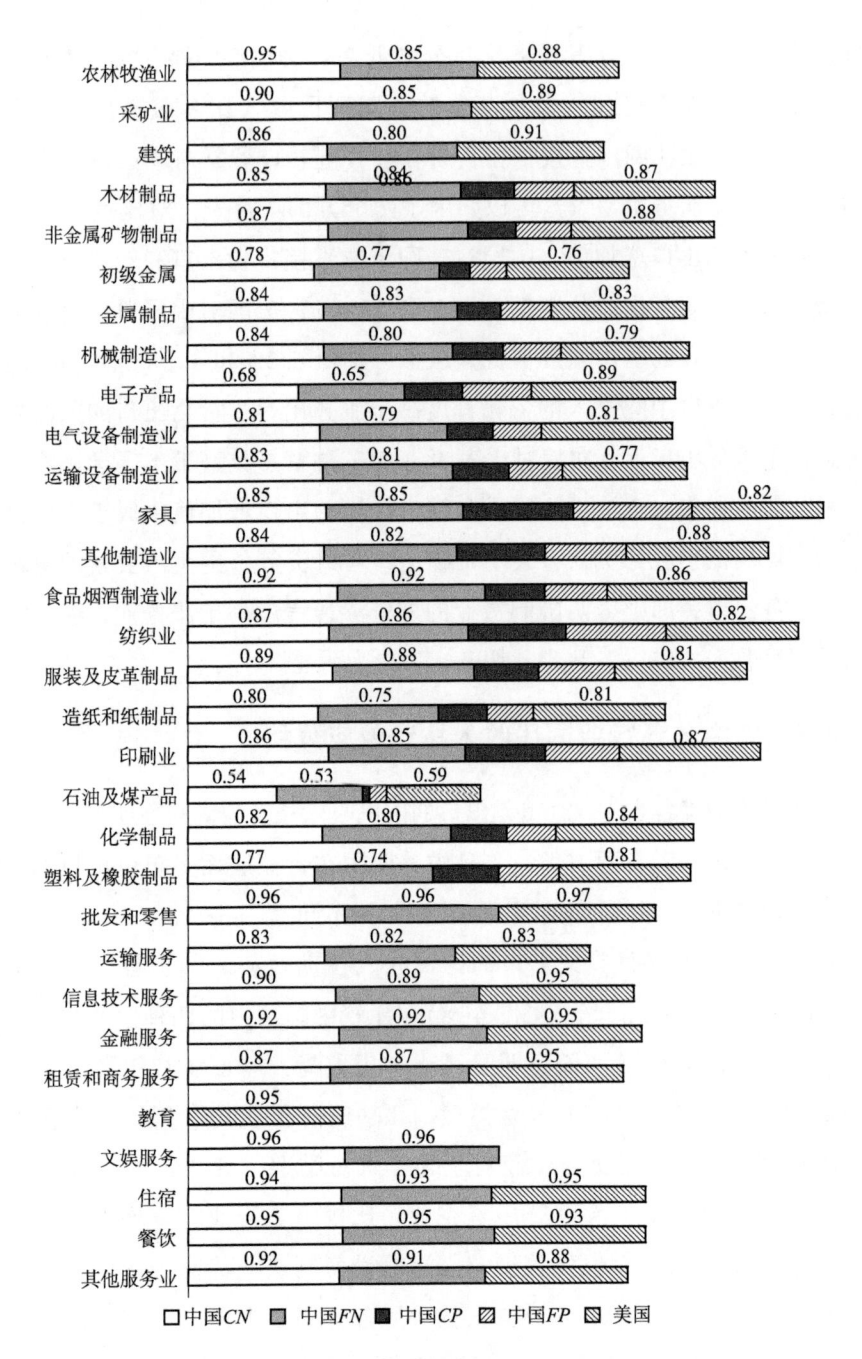

图 4-8 2012年中国和美国各行业完全增加值率

注：CN，FN，CP，FP 分别代表中国的内资非加工贸易、外资非加工贸易、内资加工贸易和外资加工贸易四种生产方式，下同。

比较中美36个行业单位产品的国民收入拉动效应。由模型可知，完全增加值率等于本国国民收入率与外国国民收入率之和，由于计算结果显示中美的本国国民收入率均远大于外国国民收入率，因此，为了更加直观地展示两国在行业层面上本国国民收入率的差异，图4-9给出了各行业外国国民收入率的对比，对于某一行业，外国国民收入率越高，则意味着本国国民收入率越低。

首先，对中国国内四种生产方式的国民收入拉动效应进行对比分析：同一企业类型，其非加工贸易的外国国民收入率均高于加工贸易；同一贸易生产方式，其外资企业的外国国民收入率均明显高于内资企业。这表明在基于国民收入视角的研究中，中国加工和非加工贸易方式、内资和外资企业的异质性是值得探讨的话题。

其次，对比中美两国各行业的外国国民收入率可以发现，除了石油及煤产品、化学制品和采矿业之外，其他行业均表现为美国外国国民收入率低于中国；其中，美国服务行业的外国国民收入率明显低于中国，表明美国服务行业对外资等外国生产要素的依赖程度远低于中国。这解释了表4-4美国服务贸易本国国民收入在其出口增加值中的高占比（98.1%），也有助于理解"国民收入视角下中美服务贸易逆差大幅度增加"的结论。

通过上文对中美行业层面国民收入拉动效应的对比可知，大多数行业表现为中国的本国国民收入率低于美国，在此基础上，出口结构的不同加大了两国在单位出口国民收入拉动效应方面的差异。2012年，中国对美国出口额最大的前三个行业是电子产品、服装皮革和批发零售，而美国对中国出口额最大的前三个行业是批发零售、农林牧渔业和运输设备制造业。总体看，中国高出口行业的本国国民收入率低于美国，致使中国整体出口的本国国民收入率低于美国，由此可见，中国对美国的出口结构有待改善。同样的，美国对中国实行严格的出口管制政策，以其具有比较优势的高新技术产品为例，2001年，美国对中国高技术出口占中国同类产品进口的比重为16.7%，但2016年这一比重降为8.2%[1]，这有悖于美国科技强国的地位，也与中美互为重要

---

[1] 2017年5月25日中国商务部发布的《关于中美经贸关系的研究报告》。

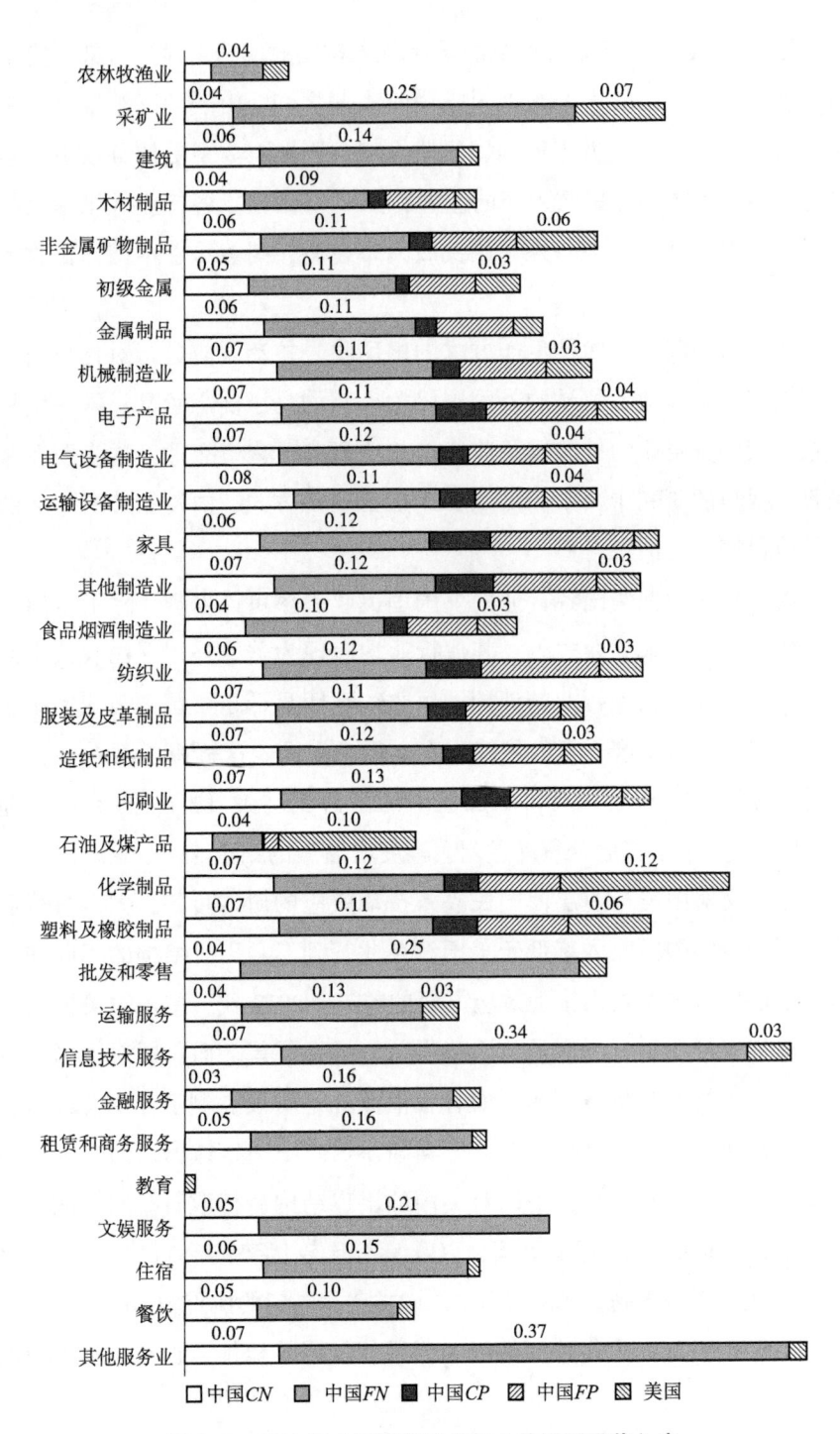

图 4-9 2012年中国和美国各行业外国国民收入率

贸易伙伴的现状极不相称，因此美国应正视中国长期以来对于"放松对华出口管制"的呼吁。这不仅能促进美国出口结构的优化，也有助于从根本上改善中美贸易失衡问题。

4.4.4 稳健性检验

4.4.4.1 美国外资企业外商持股比例的稳健性检验

由于缺少相关数据，美国增加值中营业盈余一项的拆分采用了比例假设，即认为外资企业和内资企业中外国投资者持股比例分别为30%和75%。为了检验该假设对中美贸易差额的影响，分别设置15%和65%，35%和85%，45%和95%三组拆分比例进行稳健性检验，最终计算结果见表4-5。根据数据处理和模型介绍，外资企业中外国投资者的持股比例越高，表明该企业对外资的依赖性越大，其营业盈余中支付给外国资本的报酬也越多，相应地，出口中蕴含的本国国民收入就越少。因此，若美国外资企业中外国投资者的持股比例提高，会导致美国出口中蕴含的本国国民收入减少，进而造成基于国民收入视角核算的中美贸易顺差扩大。表4-5显示，即使假设两种外资企业中外国投资者的持股比例高达45%和95%，2012年基于国民收入视角核算的中美贸易顺差仍比贸易总值和增加值口径缩小60.1%和20.9%，表明以贸易总值和增加值核算的方法会夸大中美贸易失衡。

表4-5 美国外资企业外资持股比例假设下2012年中美贸易顺差

(亿美元)

核算口径		直接货物贸易	转口贸易	服务贸易	总贸易
国民收入口径	30%和75%（基准情况）	**1 039**	91	−102	1 028
	15%和65%	1 033	90	−103	1 021
	35%和85%	1 044	91	−101	1 034
	45%和95%	1 049	92	−100	1 040
贸易总值口径		2 473	211	−77	2 607
增加值口径		1 285	112	−82	1 315

4.4.4.2 以不考虑中国香港地区转口进行稳健性检验

已有研究指出，中国香港地区转口会影响中美贸易平衡评判，因此在前文的测算和分析中均考虑了中国香港地区转口的影响。为了验证结论的稳健性，本节同时测算了不考虑中国香港地区转口情况下的中美贸易差额（见表4-6）。结果显示，在贸易总值、增加值和国民收入核算口径下，2012年不考虑中国香港地区转口的中美货物顺差分别为2 396亿美元、1 203亿美元和937亿美元，基于国民收入视角核算的中美贸易顺差比贸易总值和增加值口径分别缩小了60.9%和22.1%，验证了贸易总值和增加值核算方法对中美贸易失衡程度的夸大。

表4-6 考虑和不考虑中国香港地区转口情况下2012年中美贸易顺差

（亿美元）

核算口径	考虑中国香港地区转口	不考虑中国香港地区转口
国民收入口径	1 028	937
贸易总值口径	2 607	2 396
增加值口径	1 315	1 203

4.4.4.3 以不区分内资和外资企业的中国表进行稳健性检验

前文基于区分内资和外资企业的中国投入产出表，测算中国对美国出口所蕴含的本国国民收入和外国国民收入，但限于数据可得性，在测算美国对中国出口所蕴含的国民收入时，使用了未区分内资和外资企业的美国投入产出表。为了验证两国投入产出表式的不一致性对最终结果和结论的影响，本节将中国同一行业、同一贸易生产方式下的内资和外资企业合并，以仅区分加工贸易的非竞争型投入产出表重新进行测算，最终得到国民收入视角下的中美贸易顺差如表4-7。对比表4-7的第1、第2行可知，不考虑内资和外资企业的异质性将会夸大中美贸易失衡；对比第2、第3、第4行可知，统一了中国和美国的投入产出表式之后，国民收入口径下的中美贸易顺差仍然比贸易总值和增加值口径分别缩小60.3%和21.4%，验证了结论的稳健性。

表4-7 区分和不区分中国内外资企业情况下2012年中美贸易顺差

(亿美元)

核算口径	直接货物贸易	转口贸易	服务贸易	总贸易
国民收入口径（区分内外资）	1 039	91	-102	1 028
国民收入口径（不区分内外资）	1 045	91	-102	1 034
贸易总值口径（不区分内外资）	2 473	211	-77	2 607
增加值口径（不区分内外资）	1 285	112	-82	1 315

4.4.4.4 以国家间投入产出模型进行稳健性检验

在生产全球化的背景下，以单国投入产出表核算双边贸易差额存在不足之处，例如，中国的进口中间投入品中蕴含了本国和美国的国内增加值（国民收入），是单国投入产出表无法测算的。为了全面刻画中间品贸易对一国增加值和国民收入的影响，需要从全球的视角出发，借助国际投入产出表对国际贸易进行分析。库普曼等（Koopman et al.，2010）提出的贸易增加值分解方法（KPWW）是对全球价值链研究的一项重要贡献，葛明等（2016）进一步将该分解方法拓展到双边贸易分析中。

为了检验前文单国表测算结果及结论的稳健性，本节依据世界投入产出表数据库中公布的2012年世界投入产出表，根据贸易增加值分解法及其改进方法，重新核算三种口径下的中美贸易差额。表4-8以世界表核算，2012年国民收入口径下中美贸易顺差约为1 340亿美元，比贸易总值和增加值口径分别缩小38.3%和16.9%，仍然说明贸易总值和增加值核算方法会夸大中美贸易失衡。

表4-8 以世界表和单国表计算2012年中美贸易顺差 (亿美元)

数据来源	核算视角	中国对美国出口	美国对中国出口	中美贸易顺差
世界表	国民收入口径	2 189	848	**1 340**
	贸易总值口径	3 152	981	**2 171**
	增加值口径	2 487	876	**1 612**

续表

数据来源	核算视角	中国对美国出口	美国对中国出口	中美贸易顺差
单国表	国民收入口径	2 262	1 234	**1 028**
	贸易总值口径	4 063	1 456	**2 607**
	增加值口径	2 580	1 265	**1 315**

注：Wiod 世界表与中美单国表中的贸易数据不一致，主要原因是世界表在编制过程中对各国贸易数据进行了调整，具体参考迪岑巴赫等（Dietzenbacher et al., 2013）的介绍。

4.5 小结

本章提出了测算双边贸易差额的一种新颖视角，即国民收入视角，并阐述了以国民收入视角测算中美贸易差额的重要性和必要性。为了客观揭示中美双边贸易利益分配，在修正贸易统计差异（贸易数据计价方法、转口及利润附加和服务贸易）的基础上，提出了基于国民收入视角核算中美贸易差额。测算结果显示，由于中国出口生产对外国生产要素，尤其是外国资本的依赖程度强于美国，贸易总值、贸易增加值和国民收入口径下的中美贸易顺差结果具有明显差异。具体讲，2012 年基于国民收入视角核算的中美贸易顺差约为 1 028 亿美元，比贸易总值和贸易增加值口径计算的顺差分别缩小 61% 和 22%，表明传统贸易差额核算方法会不同程度地夸大中美贸易失衡；按贸易类型看，国民收入口径下中美货物贸易顺差缩小，服务贸易逆差扩大；按行业看，中美贸易顺差主要来自低端制造业等，逆差主要来自大宗商品和高技术行业，体现了中美贸易具有较强的互补性。

此外，本章还对比了一单位出口拉动的本国国民收入，发现中国对美出口的本国国民收入率远低于美国对中国出口，中美服务贸易的本国国民收入率明显高于直接货物贸易和经香港转口贸易。通过行业层面的对比分析，可以得到三点结论：一是中国内资和外资企业的本国国民收入率存在明显差异，因此在基于国民收入视角的研究中，考虑中国内资和外资企业的异质性十分必要；二是大多数行业表现为美国的外国国民收入率低于中国，服务行业尤为明显，因此国民收入视角下中美服务贸易逆差有所扩大；三是出口结构是影响单位出口国民收入拉动效应的重要因素，中美两国应积极促使在双边贸易中发挥优势行业对国民收入的拉动作用。

特朗普在竞选期间和上台之后频频以贸易逆差为由对中国发难，2018年3月，特朗普签署了对进口钢铁和铝产品加征关税的公告，新一轮的贸易摩擦由此拉开序幕，并在此后的博弈和较量中有所升级。然而，测算分析显示，随着中国外商直接投资持续增长，与美国等发达国家投资收益净输出的差异十分明显，以实际收益衡量的美中贸易逆差并不像特朗普宣扬的那般严重。更重要的是，中美贸易的互补性、美资企业在华的收益不应被忽视，在经济全球化的背景下，贸易战不仅会使两国经济遭受沉重打击，更会危及其他国家和地区的繁荣与发展。

2017年底，美国通过了税改法案，提出降低国内企业所得税和海外利润回流成本，此举可能引发美国在中国投资撤离和资本回流。中国对外投资金额自2014年开始逐渐反超吸引外资金额，随着对外直接投资（ODI）高速增长，预计未来与发展中国家，尤其是"一带一路"沿线国家将出现明显的投资收益净输入。资本流动趋势的新变化将对中国出口收益和国民收入视角下的双边贸易平衡产生影响。

本章对于贸易问题和全球价值链研究具有重要的借鉴意义。相比于贸易总值和增加值，贸易拉动的国民收入能够反映各经济体参与全球化生产分工所获得的实际可支配收益。通过编制考虑生产要素国别属性的世界投入产出表，可以将全球价值链延伸到"全球收入链"的层面，从而为国际分工利益格局提供新的研究视角。

5　全球收入链初探

5.1　研究背景

第 2 章介绍了以国民收入视角测算出口经济收益的意义以及相关的测算模型，第 4 章给出了国民收入视角下双边贸易差额核算方法，但这些研究都是基于单国投入产出模型展开的。随着经济全球化和垂直专业化分工的深入发展，中间产品贸易在全球贸易中的占比日益提高。一国出口的最终产品在生产过程中消耗了大量的进口产品，同时，一国进口的产品在其生产过程中也可能使用本国的产品。单国非竞争型投入产出表将中间投入品区分为国产产品和进口产品，以非竞争型投入产出表代替竞争型投入产出模型进行测算，虽然可以有效剔除出口品中隐含的进口品的价值，但忽略了进口产品中隐含的本国产品的价值，也难以将隐含进口品价值划归到各个经济体中。因此，仅以单国非竞争型投入产出表进行贸易收益测算，并不能将中间品贸易和生产全球化所带来的测算误差考虑完全。

为了刻画国家、地区或经济体之间复杂的贸易关系，多区域投入产出模型和国际投入产出模型应运而生。国际投入产出模型将出口区分为中间产品出口和最终产品出口，将进口区分为中间产品进口和最终产品进口，将国与国之间的贸易往来反映在中间流量矩阵和最终需求矩阵中。以测算出口经济收益为例进行说明。从贸易总值视角看，国际投入产出表的优势在于，不仅可以计算一国的总出口（或双边出口），还可以计算中间产品出口和最终产品出口；从增加值视角看，国际投入产出模型的优势在于，不仅可以计算一国总出口（或双边出口）中包含的本国增加值，还可以计算出口中包含的各个贸易伙伴的增加值；从国民收入视角看，国际投入产出表的优势在于，不仅可以计算一国总出口（或双边出口）拉动的本国国民收入，还可以计算出口拉动的各贸易伙伴的生产中所创造的本国国民收入。

本章在前文研究的基础上，对全球价值链进行创新性拓展，结合国民收入和经济全球化两大视角，开展全球收入链研究。首先，仍以国民收入作为核算口径，按经济收益实际归属权测算贸易收益和双边贸易差额；其次，以国际投入产出模型为工具，其优势是可以解析全球价值链，有效避免测算中出现的遗漏或重复计算问题（Koopman et al., 2014），例如，可以刻画某经济体的出口生产对其他各经济体进口中间品的拉动及后续影响，可以剥离先出口到其他经济体，而后又进口回国并在本国消费的商品所带来的重复计算；最后，在反映初始投入要素国别属性的国际投入产出模型框架下，可以清晰地理解经济体之间的利益关联，将双边贸易研究拓展至多边层面。

本章以两种角度对全球收入链进行初步的探讨和研究：一是前向角度，即对一国的出口进行分解，考察出口中隐含的各国经济收益；二是后向角度，即从最终需求出发，考察一国最终需求所拉动的各国的经济收益。基于上述两种研究思路，将完成三项工作：首先，介绍和编制全球收入链的研究工具，即反映最初投入要素国别属性的国际投入产出表；其次，构建经济全球化和国民收入视角下的贸易收益和贸易差额核算框架，并对2014年中美、中欧、欧美贸易差额开展实证分析；最后，给出最终需求的国民收入效应测算方法，并在实证研究中重点分析2014年各经济体最终需求对中国、美国和欧盟的国民收入贡献。本章将全球价值链的概念拓展至全球收入链层面，有助于深刻理解国际分工的实际收益分配格局。此外，通过真实还原中国对外贸易的运行状况，可为缓解当前紧张的中美经贸关系、对抗逆全球化思潮提供理论依据。

近年来，在全球范围内贸易保护主义趋势有所抬头，贸易争端显著增多。2016年底，特朗普就任美国总统后，大力推行单边主义和贸易保护政策，国际贸易遭遇严峻挑战。贸易争端的实质性原因是多方面的，但贸易差额能够最直观地反映贸易平衡，因此往往是贸易摩擦的直接诱因，同时也是制定政策和解决争端的主要依据。中国是贸易大国，出口总额位居世界前列，与美国、欧盟等多数主要贸易伙伴长期保持着顺差关系，因此成为国际贸易保护主义针对的首要目标。

中美、中欧贸易差额将在国民收入视角下得到修正，原因是中国、美国和欧盟的出口生产对外资等外国生产要素表现出不同程度的依赖。联合国贸易和发展会议数据显示，截至2017年，中国、美国和欧盟吸引FDI存量分别占全球FDI存量的4.73%、24.77%、28.94%，分别占各自GDP的12.41%、40.03%、52.79%。如此大规模、快速、持续增长的资本流动主要以外资企业为载体，外资企业是经济全球化的产物，同时也是推动东道国和全球经贸发展的重要动力。根据中经网统计数据库，2017年中国外商投资企业进出口额约占全国进出口总额的44.81%，其中出口额和进口额分别占全国出口额和进口额的43.19%和46.73%。美国经济分析局数据显示，2016年美国境内外国子公司的货物进出口额约占其全国货物进出口总额的28.38%，其中外国子公司的货物出口额和进口额占比分别为26.03%和29.93%。根据欧盟统计局统计，2016年欧盟14个经济体[①]外资企业进出口额约占其进出口总额[②]的35.89%，其中外资企业出口和进口额占比分别为32.22%和39.35%。

双边贸易差额核算方法基于经济全球化和国民收入两大视角，既能梳理全球中间品贸易带来的利益交织，又能拆解外资企业商贸活动引发的收益归属错乱，因而可以更加客观、科学地评判贸易平衡。从学术意义看，国民收入视角是对增加值视角的拓展和延伸，已有的增加值视角下的研究均可被国民收入视角修正，尤其可将全球价值链拓展到全球收入链层面，有助于深刻理解国际利益分配格局。从现实意义看，近年来影响全球经贸发展的黑天鹅事件显著增多，保护主义和单边主义抬头，逆全球化思潮涌动，中美贸易摩擦更是给世界经济蒙上了阴影，基于经济全球化和国民收入视角修正传统计算对中美、中欧、欧美等主要经济体贸易失衡的夸大，将有力地揭示经济体

[①] 包括比利时、捷克、丹麦、德国、西班牙、克罗地亚、立陶宛、荷兰、波兰、葡萄牙、罗马尼亚、斯洛文尼亚、芬兰和英国。

[②] 此处的进出口额指14个经济体对欧盟以外经济体的进出口额。

之间相互依赖、合作共赢的事实，可为推进双边贸易谈判和有关规则制定提供借鉴。

本章共分为五个部分。余下内容的结构安排如下：第二部分构建经济全球化和国民收入视角下的贸易收益测算、贸易差额核算，以及最终需求国民收入效应测算的基础框架，重点介绍对核算方法的改进；第三部分介绍数据来源与处理过程；第四部分汇报和分析测算结果；第五部分为本章小结。

5.2 全球收入链核算模型

5.2.1 经典的出口分解模型

现有的出口分解模型均基于增加值视角。库普曼等（Koopman et al., 2014）认为，一国的总出口可以分解为国内增加值、国外增加值和重复计算部分，王等（Wang et al., 2013）、洛斯等（Los et al., 2016）推导了双边出口分解公式。出口分解模型适用于多国多部门，为表述简单，本节假设世界上有 r, s, t 三个国家，每个国家有 n 个生产部门。经典的国际投入产出表如表5-1所示，表中的 n 维矩阵 Z^{ij}（$i=r, s$ 或 t；$j=r, s$ 或 t，下同）表示 j 国生产部门对 i 国产品的直接消耗，n 维列向量 f^{ij} 表示 j 国非生产部门对 i 国产品的最终需求，n 维行向量 v^i 表示 i 国生产部门的最初投入，n 维列向量 x^i 表示 j 国生产部门的总产出或总投入。

记：

$$Z = \begin{bmatrix} Z^{rr} & Z^{rs} & Z^{rt} \\ Z^{sr} & Z^{ss} & Z^{st} \\ Z^{tr} & Z^{ts} & Z^{tt} \end{bmatrix}, \quad x = \begin{bmatrix} x^r \\ x^s \\ x^t \end{bmatrix}$$

直接消耗系数矩阵的计算公式为：

$$A = Z\hat{x}^{-1}$$

分块矩阵 A 的子矩阵 A^{ij} 表示 j 国各部门生产一单位产品对 i 国产品的

直接消耗。记 $v = \begin{bmatrix} v^r & v^s & v^t \end{bmatrix}$，直接增加值系数行向量的计算公式为 $a_v = v\hat{x}^{-1}$，子向量 a_v^i 表示 i 国各部门生产一单位产品的最初投入。根据投入产出模型，列昂惕夫逆矩阵为 $B = (I-A)^{-1}$，其中，I 为单位系数矩阵。分块矩阵 B 的子矩阵 B^{ij} 表示 j 国各部门生产一单位产品对 i 国产品的完全消耗。

在单国投入产出模型中，i 国的总产出 x^i 等于其本国最终需求 f^{ii} 与对外总出口 e^i 拉动的产出之和，即满足如下行向平衡式：

$$x^i = (I - A^{ii})^{-1} f^{ii} + (I - A^{ii})^{-1} e^i \tag{5.1}$$

而在国际投入产出模型中，总产出的行向平衡式如下：

$$\begin{bmatrix} x^r \\ x^s \\ x^t \end{bmatrix} = \begin{bmatrix} B^{rr} & B^{rs} & B^{rt} \\ B^{sr} & B^{ss} & B^{st} \\ B^{tr} & B^{ts} & B^{tt} \end{bmatrix} \begin{bmatrix} f^r \\ f^s \\ f^t \end{bmatrix} \tag{5.2}$$

其中，$f^i = \sum_j f^{ij}$。

记：

$$\overline{A_v} = \begin{bmatrix} a_v^r & 0 & 0 \\ 0 & a_v^s & 0 \\ 0 & 0 & a_v^t \end{bmatrix}$$

则一单位产出对应的附加值矩阵为：

$$\overline{A_v} B = \begin{bmatrix} a_v^r & 0 & 0 \\ 0 & a_v^s & 0 \\ 0 & 0 & a_v^t \end{bmatrix} \begin{bmatrix} B^{rr} & B^{rs} & B^{rt} \\ B^{sr} & B^{ss} & B^{st} \\ B^{tr} & B^{ts} & B^{tt} \end{bmatrix} = \begin{bmatrix} a_v^r B^{rr} & a_v^r B^{rs} & a_v^r B^{rt} \\ a_v^s B^{sr} & a_v^s B^{ss} & a_v^s B^{st} \\ a_v^t B^{tr} & a_v^t B^{ts} & a_v^t B^{tt} \end{bmatrix} \tag{5.3}$$

$\overline{A_v} B$ 为 $n \times 3n$ 维矩阵，子向量 $a_v^i B^{ij}$ 表示 j 国一单位产出中隐含的 i 国增加值。某国一单位产出中隐含的各国增加值之和等于其产出值，即等于 1，因此 $\overline{A_v} B$ 的子矩阵列项加和为 1，即 $a_v^r B^{ij} + a_v^s B^{ij} + a_v^t B^{ij} = \mu'$，其中，$\mu$ 是元素均为 1 的 n 维列向量。

表 5-1　经典国际投入产出表

		中间需求			最终需求			总产出
		r	s	t	r	s	t	
中间投入	r	Z^{rr}	Z^{rs}	Z^{rt}	f^{rr}	f^{rs}	f^{rt}	x^r
	s	Z^{sr}	Z^{ss}	Z^{st}	f^{sr}	f^{ss}	f^{st}	x^s
	t	Z^{tr}	Z^{ts}	Z^{tt}	f^{tr}	f^{ts}	f^{tt}	x^t
最初投入		v^r	v^s	v^t				
总投入		$x^{r'}$	$x^{s'}$	$x^{t'}$				

以 r 国为例，记其总出口为 e^r。总出口等于最终产品出口和中间产品出口之和，即：

$$e^r = \sum_{i \neq r}(f^{ri} + A^{ri}x^i) \quad (5.4)$$

结合公式（5.1）至公式（5.4），可将 r 国的总出口 e^r 分解为 9 项①：

$$\begin{aligned}\mu'e^r =& a_v^r B^{rr}\sum_{i\neq r}f^{ri} + a_v^r\sum_{i\neq r}B^{ri}f^{ii} + a_v^r\sum_{i\neq r}B^{ri}\sum_{j\neq r,i}f^{ij} + \\ & a_v^r\sum_{i\neq r}B^{ri}f^{ir} + a_v^r\sum_{i\neq r}B^{ri}A^{ir}(I-A^{rr})^{-1}f^{rr} + \\ & a_v^r\sum_{i\neq r}B^{ri}A^{ir}(I-A^{rr})^{-1}e^r + \\ & \sum_{i\neq r}\sum_{j\neq r}a_v^i B^{ir}f^{rj} + \sum_{i\neq r}\sum_{j\neq r}a_v^i B^{ir}A^{rj}(I-A^{jj})^{-1}f^{jj} + \\ & \sum_{i\neq r}a_v^i B^{ir}\sum_{j\neq r}A^{rj}(I-A^{jj})^{-1}e^j \end{aligned} \quad (5.5)$$

其中，μ 是元素均为 1 的列向量；前 3 项表示 r 国的增加值出口；前 5 项表示 r 国总出口中隐含的本国增加值，记为 $DVA^{r,r}$；第 7、第 8 项表示 r 国出口中包含的外国增加值，记为 FVA^{r_RoW}；第 6 项和第 9 项是重复计算项。

以类似的方法可推导双边出口分解公式，以 r 国对 s 国的双边出口 e^{rs} 为例，可将其分解为 12 项②：

$$\begin{aligned}\mu'e^{rs} =& a_v^r B^{rr}f^{rs} + a_v^r(I-A^{rr})^{-1}A^{rs}B^{ss}f^{ss} + \\ & a_v^r(I-A^{rr})^{-1}\left[A^{rs}\sum_{i\neq r,s}B^{si}f^{ii} + A^{rs}B^{ss}\sum_{i\neq r,s}f^{si} + A^{rs}\sum_{i\neq r,s}B^{si}\sum_{j\neq r,s}f^{ij}\right] + \end{aligned}$$

---

① 详细推导过程请参考库普曼等（Koopman et al.，2014）。
② 详细推导过程请参考王等（Wang et al.，2013）。

$$a_v^r(I-A^{rr})^{-1}\left[A^{rs}B^{ss}f^{sr}+A^{rs}\sum_{i\neq r,s}B^{si}f^{ir}+A^{rs}B^{sr}f^{rr}\right]+$$

$$a_v^r(I-A^{rr})^{-1}A^{rs}B^{sr}\sum_{i\neq r}f^{ri}+a_v^r(I-A^{rr})^{-1}\sum_{i\neq r,s}A^{ri}B^{ir}(A^{rs}x^s)+$$

$$a_v^s B^{sr}f^{rs}+a_v^s B^{sr}A^{rs}(I-A^{ss})^{-1}f^{ss}+$$

$$\sum_{i\neq r,s}a_v^i B^{ir}f^{rs}+\sum_{i\neq r,s}a_v^i B^{ir}A^{rs}(I-A^{ss})^{-1}f^{ss}+$$

$$a_v^s B^{sr}A^{rs}(I-A^{ss})^{-1}e^s+\sum_{i\neq r,s}a_v^i B^{ir}A^{rs}(I-A^{ss})^{-1}e^s \quad (5.6)$$

公式（5.6）的前 3 项表示 r 国对 s 国的增加值出口；前 4 项表示 r 国对 s 国的出口中隐含的本国增加值，记为 DVA^{rs_J}；第 7、第 8 项表示 r 国对 s 国的出口中隐含的 s 国增加值，记为 FVA^{rs_s}；第 9、第 10 项表示 r 国对 s 国的出口中隐含的其他国家（除 r 国和 s 国之外）增加值，记为 FVA^{rs_RoW}；第 5、第 6 项和第 11、第 12 项是重复计算项。

5.2.2 国民收入视角下的出口分解模型

本节对经典的国际投入产出表进行改进，根据初始要素的国别属性，将表 5-1 中各部门最初投入 v^i 细分为本国投入（v^{ii}）和其他国家投入（v^{ji}，$j\neq i$），且满足 $v^i=\sum_j v^{ji}$，（见表 5-2）。

表 5-2　反映最初投入要素国别属性的国际投入产出表

		中间需求			最终需求			总产出
		r	s	t	r	s	t	
中间投入	r	Z^{rr}	Z^{rs}	Z^{rt}	f^{rr}	f^{rs}	f^{rt}	x^r
	s	Z^{sr}	Z^{ss}	Z^{st}	f^{sr}	f^{ss}	f^{st}	x^s
	t	Z^{tr}	Z^{ts}	Z^{tt}	f^{tr}	f^{ts}	f^{tt}	x^t
最初投入	r	v^{rr}	v^{rs}	v^{rt}				
	s	v^{sr}	v^{ss}	v^{st}				
	t	v^{tr}	v^{ts}	v^{tt}				
总投入		x^r	x^s	x^t				

投入产出表的最初投入对应着国内增加值的概念，而区分了国别属性的增加值则对应着国民收入的概念。记：

$$C = \begin{bmatrix} v^{rr} & v^{rs} & v^{rt} \\ v^{sr} & v^{ss} & v^{st} \\ v^{tr} & v^{ts} & v^{tt} \end{bmatrix}$$

直接国民收入系数的计算公式为：

$$A_c = C\hat{x}^{-1} = \begin{bmatrix} a_c^{rr} & a_c^{rs} & a_c^{rt} \\ a_c^{sr} & a_c^{ss} & a_c^{st} \\ a_c^{tr} & a_c^{ts} & a_c^{tt} \end{bmatrix}$$

子向量 a_c^{ji} 表示 i 国一单位生产创造的 j 国国民收入。由定义式可知，直接增加值系数和直接国民收入系数的关系为：

$$a_v^i = \sum_j a_c^{ji}$$

根据表 5-2，可将出口分解模型由增加值视角延伸到国民收入视角。在国民收入视角下，开放型经济体在生产过程中既创造了本国国民收入，也创造了外国国民收入；开放型经济体的总出口和双边出口在拉动本国国民收入的同时，也拉动了外国国民收入。

由总出口分解公式（5.5）可知，r 国的总出口 e^r 所创造的本国国民收入 DC^{r_r} 为：

$$\begin{aligned} DC^{r\_r} = & a_c^{rr} B^{rr} \sum_{i \neq r} f^{ri} + a_c^{rr} \sum_{i \neq r} B^{ri} f^{ii} + a_c^{rr} \sum_{i \neq r} B^{ri} \sum_{j \neq r, i} f^{ij} + \\ & a_c^{rr} \sum_{i \neq r} B^{ri} f^{ir} + a_c^{rr} \sum_{i \neq r} B^{ri} A^{ir} (I - A^{rr})^{-1} f^{rr} + \\ & \sum_{i \neq r} \sum_{j \neq r} a_c^{ri} B^{ir} f^{rj} + \sum_{i \neq r} \sum_{j \neq r} a_c^{ri} B^{ir} A^{rj} (I - A^{jj})^{-1} f^{jj} \end{aligned} \quad (5.7)$$

其中，前 5 项表示 r 国总出口拉动国内生产而创造的本国国民收入，第 6、第 7 项表示 r 国总出口拉动外国生产而创造的本国国民收入。

r 国的总出口 e^r 所创造的外国国民收入 FC^{r_RoW} 为：

$$\begin{aligned} FC^{r\_RoW} = & \sum_{j \neq r} a_c^{jr} B^{rr} \sum_{i \neq r} f^{ri} + \sum_{j \neq r} a_c^{jr} \sum_{i \neq r} B^{ri} f^{ii} + \sum_{k \neq r} a_c^{kr} \sum_{i \neq r} B^{ri} \sum_{j \neq r, i} f^{ij} + \\ & \sum_{j \neq r} a_c^{jr} \sum_{i \neq r} B^{ri} f^{ir} + \sum_{j \neq r} a_c^{jr} \sum_{i \neq r} B^{ri} A^{ir} (I - A^{rr})^{-1} f^{rr} + \\ & \sum_{k \neq r} \sum_{i \neq r} \sum_{j \neq r} a_c^{ki} B^{ir} f^{rj} + \sum_{k \neq r} \sum_{i \neq r} \sum_{j \neq r} a_c^{ki} B^{ir} A^{rj} (I - A^{jj})^{-1} f^{jj} \end{aligned} \quad (5.8)$$

其中，前 5 项为 r 国总出口拉动国内生产而创造的外国国民收入，第 6、第 7

项表示 r 国总出口拉动外国生产而创造的外国国民收入。

由双边出口分解公式（5.6）可知，r 国对 s 国的双边出口 e^{rs} 所创造的本国国民收入 DC^{rs_r} 为：

$$DC^{rs\_r} = a_c^{rr} B^{rr} f^{rs} + a_c^{rr} (I - A^{rr})^{-1} A^{rs} B^{ss} f^{ss} +$$

$$a_c^{rr} (I - A^{rr})^{-1} \left[A^{rs} \sum_{i \neq r,s} B^{si} f^{ii} + A^{rs} B^{ss} \sum_{i \neq r,s} f^{si} + A^{rs} \sum_{i \neq r,s} B^{si} \sum_{j \neq r,i} f^{ij} \right] +$$

$$a_c^{rr} (I - A^{rr})^{-1} \left[A^{rs} B^{ss} f^{sr} + A^{rs} \sum_{i \neq r,s} B^{si} f^{ir} + A^{rs} B^{sr} f^{rr} \right] +$$

$$a_c^{rs} B^{sr} f^{rs} + a_c^{rs} B^{sr} A^{rs} (I - A^{ss})^{-1} f^{ss} +$$

$$\sum_{i \neq r,s} a_c^{ri} B^{ir} f^{rs} + \sum_{i \neq r,s} a_c^{ri} B^{ir} A^{rs} (I - A^{ss})^{-1} f^{ss} \quad (5.9)$$

其中，前 4 项表示 r 国对 s 国出口拉动国内生产而创造的本国国民收入，第 5、第 6 项表示 r 国对 s 国出口拉动 s 国生产而创造的本国国民收入，第 7、第 8 项表示 r 国对 s 国出口拉动其他国家生产而创造的本国国民收入。

r 国对 s 国的双边出口 e^{rs} 所创造的 s 国国民收入 FC^{rs_s} 为：

$$FC^{rs\_s} = a_c^{sr} B^{rr} f^{rs} + a_c^{sr} (I - A^{rr})^{-1} A^{rs} B^{ss} f^{ss} +$$

$$a_c^{sr} (I - A^{rr})^{-1} \left[A^{rs} \sum_{i \neq r,s} B^{si} f^{ii} + A^{rs} B^{ss} \sum_{i \neq r,s} f^{si} + A^{rs} \sum_{i \neq r,s} B^{si} \sum_{j \neq r,i} f^{ij} \right] +$$

$$a_c^{sr} (I - A^{rr})^{-1} \left[A^{rs} B^{ss} f^{sr} + A^{rs} \sum_{i \neq r,s} B^{si} f^{ir} + A^{rs} B^{sr} f^{rr} \right] +$$

$$a_c^{ss} B^{sr} f^{rs} + a_c^{ss} B^{sr} A^{rs} (I - A^{ss})^{-1} f^{ss} +$$

$$\sum_{i \neq r,s} a_c^{si} B^{ir} f^{rs} + \sum_{i \neq r,s} a_c^{si} B^{ir} A^{rs} (I - A^{ss})^{-1} f^{ss} \quad (5.10)$$

其中，前 4 项表示 r 国对 s 国出口拉动国内生产而创造的 s 国国民收入，第 5、第 6 项表示 r 国对 s 国出口拉动 s 国生产而创造的 s 国国民收入，第 7、第 8 项表示 r 国对 s 国出口拉动其他国家生产而创造的 s 国国民收入。

r 国对 s 国的双边出口 e^{rs} 所创造的其他国家（除 r 国和 s 国之外）国民收入 FC^{rs_RoW} 为：

$$FC^{rs\_RoW} = \sum_{i \neq r,s} a_c^{ir} B^{rr} f^{rs} + \sum_{i \neq r,s} a_c^{ir} (I - A^{rr})^{-1} A^{rs} B^{ss} f^{ss} +$$

$$\sum_{k \neq r,s} a_c^{kr} (I - A^{rr})^{-1} \left[A^{rs} \sum_{i \neq r,s} B^{si} f^{ii} + A^{rs} B^{ss} \sum_{i \neq r,s} f^{si} + A^{rs} \sum_{i \neq r,s} B^{si} \sum_{j \neq r,i} f^{ij} \right] +$$

$$\sum_{j \neq r,s} a_c^{jr} (I - A^{rr})^{-1} \left[A^{rs} B^{ss} f^{sr} + A^{rs} \sum_{i \neq r,s} B^{si} f^{ir} + A^{rs} B^{sr} f^{rr} \right] +$$

$$\sum_{i\neq r,s} a_c^{is} B^{sr} f^{rs} + \sum_{i\neq r,s} a_c^{is} B^{sr} A^{rs} (I - A^{ss})^{-1} f^{ss} +$$

$$\sum_{j\neq r,s} \sum_{i\neq r,s} a_c^{ji} B^{ir} f^{rs} + \sum_{j\neq r,s} \sum_{i\neq r,s} a_c^{ji} B^{ir} A^{rs} (I - A^{ss})^{-1} f^{ss} \tag{5.11}$$

其中，前 4 项表示 r 国对 s 国出口拉动国内生产而创造的其他国家国民收入，第 5、第 6 项表示 r 国对 s 国出口拉动 s 国生产而创造的其他国家国民收入，第 7、第 8 项表示 r 国对 s 国出口拉动其他国家生产而创造的其他国家国民收入。

5.2.3　经济全球化视角下的双边贸易差额核算

双边贸易差额旨在揭示两国贸易收益之差。以 r 国和 s 国为例，结合第 4 章介绍的核算方法可知，贸易总值、增加值和国民收入口径下的双边贸易差额计算公式分别为：

$$TradeGap1 = \mu'(e^{rs} - e^{rs}e^{sr}) \tag{5.12}$$

$$TradeGap2 = (DVA^{rs\_r} + FVA^{sr\_r}) - (DVA^{sr\_s} + FVA^{rs\_s}) \tag{5.13}$$

$$TradeGap3 = (DC^{rs\_r} + FC^{sr\_r}) - (DC^{sr\_s} + FC^{rs\_s}) \tag{5.14}$$

公式（5.12）和公式（5.13）是贸易差额核算最为常用的两个公式，公式（5.14）是基于全球收入链视角提出的改进公式。

5.2.4　最终需求的国民收入效应测算

在表 5-1 的经典国际投入产出表中，记：

$$F = \begin{bmatrix} \hat{f}^{rr} & \hat{f}^{rs} & \hat{f}^{rt} \\ \hat{f}^{sr} & \hat{f}^{ss} & \hat{f}^{st} \\ \hat{f}^{tr} & \hat{f}^{ts} & \hat{f}^{tt} \end{bmatrix}$$

根据经典的国际投入产出模型，可以测算各经济体最终需求的增加值效应，即各经济体最终需求对自身和其他经济体的增加值拉动作用，计算公式为：

$$\hat{A}_v BF = \begin{bmatrix} \hat{a}_v^r & 0 & 0 \\ 0 & \hat{a}_v^s & 0 \\ 0 & 0 & \hat{a}_v^t \end{bmatrix} \begin{bmatrix} B^{rr} & B^{rs} & B^{rt} \\ B^{sr} & B^{ss} & B^{st} \\ B^{tr} & B^{ts} & B^{tt} \end{bmatrix} \begin{bmatrix} \hat{f}^{rr} & \hat{f}^{rs} & \hat{f}^{rt} \\ \hat{f}^{sr} & \hat{f}^{ss} & \hat{f}^{st} \\ \hat{f}^{tr} & \hat{f}^{ts} & \hat{f}^{tt} \end{bmatrix}$$

$$= \begin{bmatrix} \sum_i \hat{a}_v^r B^{ri} \hat{f}^{ir} & \sum_i \hat{a}_v^r B^{ri} \hat{f}^{is} & \sum_i \hat{a}_v^r B^{ri} \hat{f}^{it} \\ \sum_i \hat{a}_v^s B^{si} \hat{f}^{ir} & \sum_i \hat{a}_v^s B^{si} \hat{f}^{is} & \sum_i \hat{a}_v^s B^{si} \hat{f}^{it} \\ \sum_i \hat{a}_v^t B^{ti} \hat{f}^{ir} & \sum_i \hat{a}_v^t B^{ti} \hat{f}^{is} & \sum_i \hat{a}_v^t B^{ti} \hat{f}^{it} \end{bmatrix} \quad (5.15)$$

$\hat{A}_v BF$ 是 $3n$ 维矩阵，由 9 个分块矩阵组成，以右上角的子矩阵 $\sum_i \hat{a}_v^r B^{ri} \hat{f}^{it}$ 为例进行说明，该子矩阵的第 p 行第 q 列元素表示 t 国 p 部门的最终需求所拉动的 r 国 q 部门的增加值。因此，从行向看，可知各个国家（包括本国）的最终需求所拉动的本国增加值；从列向看，可知本国最终需求所拉动的各个国家（包括本国）的增加值。

将国民收入引入上述核算方法，在表 5-2 中，有国民收入系数矩阵：

$$A_c = \begin{bmatrix} a_c^{rr} & a_c^{rs} & a_c^{rt} \\ a_c^{sr} & a_c^{ss} & a_c^{st} \\ a_c^{tr} & a_c^{ts} & a_c^{tt} \end{bmatrix}$$

其元素 a_c^{ij} 表示 j 国一单位产出所拉动的 i 国国民收入。记：

$$A_c^i = \begin{bmatrix} \hat{a}_c^{ir} & 0 & 0 \\ 0 & \hat{a}_c^{is} & 0 \\ 0 & 0 & \hat{a}_c^{it} \end{bmatrix}$$

利用投入产出模型可以计算各国最终需求对 i 国国民收入的拉动效应，公式如下：

$$A_c^i BF = \begin{bmatrix} \hat{a}_c^{ir} & 0 & 0 \\ 0 & \hat{a}_c^{is} & 0 \\ 0 & 0 & \hat{a}_c^{it} \end{bmatrix} \begin{bmatrix} B^{rr} & B^{rs} & B^{rt} \\ B^{sr} & B^{ss} & B^{st} \\ B^{tr} & B^{ts} & B^{tt} \end{bmatrix} \begin{bmatrix} \hat{f}^{rr} & \hat{f}^{rs} & \hat{f}^{rt} \\ \hat{f}^{sr} & \hat{f}^{ss} & \hat{f}^{st} \\ \hat{f}^{tr} & \hat{f}^{ts} & \hat{f}^{tt} \end{bmatrix}$$

$$= \begin{bmatrix} \sum_j \hat{a}_c^{ir} B^{rj} \hat{f}^{jr} & \sum_j \hat{a}_c^{ir} B^{rj} \hat{f}^{js} & \sum_j \hat{a}_c^{ir} B^{rj} \hat{f}^{jt} \\ \sum_j \hat{a}_c^{is} B^{sj} \hat{f}^{jr} & \sum_j \hat{a}_c^{is} B^{sj} \hat{f}^{js} & \sum_j \hat{a}_c^{is} B^{sj} \hat{f}^{jt} \\ \sum_j \hat{a}_c^{it} B^{tj} \hat{f}^{jr} & \sum_j \hat{a}_c^{it} B^{tj} \hat{f}^{js} & \sum_j \hat{a}_c^{it} B^{tj} \hat{f}^{jt} \end{bmatrix} \quad (5.16)$$

$A_c^i BF$ 为 $3n$ 维矩阵，由 9 个分块矩阵组成，以右上角的子矩阵 $\sum_j \hat{a}_c^{ir} B^{rj} \hat{f}^{jt}$ 为例进行说明，该子矩阵的第 p 行第 q 列元素表示 t 国 p 部门的最终需求因拉动的 r 国 q 部门的生产而创造的 i 国国民收入。因此，$A_c^i BF$ 列向元素求和表示各个国家（包括 i 国）的最终需求所拉动的 i 国国民收入；$A_c^i BF$ 所有元素求和表示所有国家最终需求对 i 国国民收入的拉动。

公式（5.15）和公式（5.16）可以分别分析增加值视角和国民收入视角下各经济体最终需求的收益分配效应。

5.3 数据来源与处理

实证部分将重点测算和分析经济全球化和国民收入视角下，中国、美国、欧盟三大经济体间的双边贸易差额，为此需要编制反映初始投入要素国别属性的国际投入产出表。编表过程中主要使用三类数据：一是世界投入产出数据库的世界投入产出表，因该表最新公布到 2014 年，故选用 2014 年世界投入产出表作为基准表[1]；二是中国、美国、欧盟、加拿大、澳大利亚官方统计机构公布的单国投入产出表、国际收支平衡表、分行业内外资企业增加值以及反映外资企业股权结构的微观数据等，主要使用 2014 年的数据[2]；三是联合国贸易和发展会议公布的双边投资数据，该数据最新公布到 2012 年，

---

[1] 世界投入产出表涵盖了 43 个经济体和世界其余地区（Rest of the World，RoW），为了简化处理和便于分析，将世界投入产出表中的 28 个欧盟成员国合并，因此最终得到的国际投入产出表共包含 16 个经济体和世界其余地区。

[2] 部分国家的部分数据指标尚未更新到 2014 年，此时选用最近年份的数据代替。

因此以 2012 年的双边投资结构作为参考。本节数据处理过程主要分为两步。

5.3.1 根据数据可得性确定拆分对象

搜集各经济体的内资、外资企业数据,确定拆分对象表 5-2 展示了理想情况下的编制表式,即对世界投入产出表中所有经济体的增加值均进行拆分。但在实际操作中,一方面,许多经济体自身的官方统计数据不够详尽,不足以支撑完成增加值拆分;另一方面,部分经济体因外资流入总量较少,导致外国收入份额较低,不值得进行增加值拆分。本节将对中国、美国、欧盟、加拿大和澳大利亚的增加值进行拆分,而对余下的经济体,则认为其增加值中不包含外国国民收入,即增加值等于本国国民收入[①]。

外商投资是影响国民收入的关键因素,FDI 存量较多的经济体,其外国国民收入往往也比较高。根据联合国贸易和发展会议公布的 FDI 存量数据,可计算各经济体 FDI 存量在全球 FDI 存量中的占比,2014 年排名前十位的经济体及其占比如表 5-3 所示。虽然只对中国、美国、欧盟、加拿大和澳大利亚五个经济体进行拆分处理,但其 FDI 存量占比之和高达 61.35%,说明本节的测算结果考虑了全球约 60% 的外商投资对贸易收益分配的影响,因此具有一定的参考价值。

表 5-3 2014 年 FDI 存量排名前十位的经济体及其占比情况

排名	经济体	FDI 存量占比（%）	是否拆分
1	欧盟	30.32	是
2	美国	20.98	是
3	中国香港地区	5.77	否
4	中国	4.18	是
5	新加坡	3.93	否
6	加拿大	3.69	是
7	瑞士	3.00	否

---

① 其余经济体因缺乏内资、外资企业相关数据而无法进行拆分。

续表

排名	经济体	FDI 存量占比（%）	是否拆分
8	巴西	2.37	否
9	澳大利亚	2.17	是
10	英属维尔京群岛	2.10	否

5.3.2 将增加值拆分为国民收入

将中国、美国、欧盟、加拿大和澳大利亚的增加值拆分为中国收入、美国收入、欧盟收入和其他国家收入。

之所以将中国、美国、欧盟的收入单独拆分出来，是因为三个经济体之间的贸易差额是本章的研究重点。拆分思路与第 2、第 4 章一致：首先，根据内资、外资企业增加值、借方劳动者报酬和外资企业股权占比等数据，将增加值拆分为本国收入和外国收入；然后，利用 UNCTAD 公布的区分来源地的 FDI 存量数据，计算东道国 FDI 存量的来源地占比，进而计算东道国创造的外国收入的来源地结构，并据此将上述外国收入进一步细分到具体的经济体。以中国为例，2012 年中国吸收 FDI 存量共计 13 436 亿美元，其中，来自欧盟和美国的 FDI 存量分别约占 5.95% 和 5.22%，由此认为，中国所创造的外国国民收入中，约有 5.95% 是欧盟国民收入，5.22% 是美国国民收入，余下的 88.83% 是其他国家国民收入。

经过上述处理，可得到 2014 年反映初始投入要素国别属性的国际投入产出表，为下文开展国民收入视角下的相关测算奠定基础。

5.4 测算结果与分析

5.4.1 中国、美国和欧盟的总出口分解

由出口分解模型可知，一国的出口包含各经济体收益和重复计算部分。

根据世界投入产出表的数据，2014年，中国、美国和欧盟的出口总额分别为24 255亿美元、19 271亿美元和33 528亿美元，其中重复计算部分的占比分别为3.84%、3.54%、3.42%。本节以增加值和国民收入两种视角对余下部分，即总出口隐含的各经济体收益进行分解，结果如图5-1。

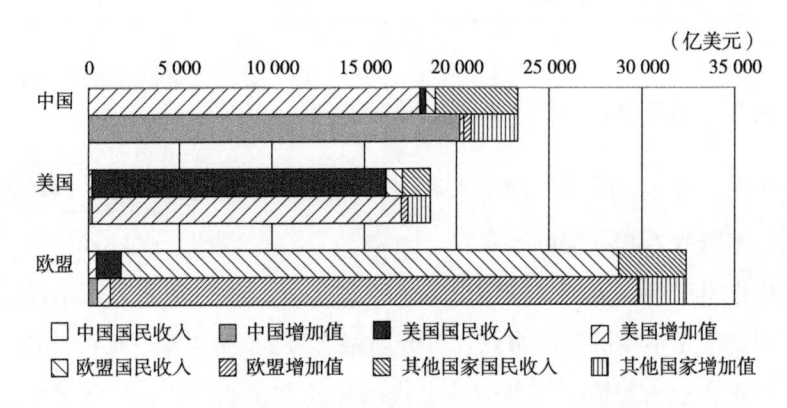

图5-1 中国、美国和欧盟2014年总出口分解结果

注：各经济体上方、下方的条形图分别展示国民收入视角和增加值视角下的分解结果。

2014年，中国总出口中隐含的各经济体收益共计23 323亿美元。若以增加值视角进行分解，则中国、美国、欧盟和其他国家的收益占比分别为86.5%、0.9%、1.8%、10.8%。若以国民收入视角进行分解，则中国的收益占比将下降9.4个百分点至77.1%，美国和欧盟的收益提高至1.4%和2.3%，均提升0.5个百分点左右，外国收益占比约为19.2%。以国民收入口径衡量贸易收益的结果显示，中国从自身出口中获得的实际收益大幅下降，而美国和欧盟的收益有所增加。

2014年，美国总出口中隐含的各经济体收益约为18 589亿美元，其中，美国、中国、欧盟和其他国家的增加值占比分别为90.3%、1.1%、1.9%、6.7%，但若以国民收入视角进行分解，美国自身的收益占比将下降至86.1%，中国收益占比降至0.9%，分别下降4.3和0.1个百分点，欧盟的收益占比将明显提高，约为4.6%，其他国家收益占比约为8.3%。国民收入视角下美国和中国的出口收益均有所减少，而欧盟的收益增加约1.4倍。

2014年，欧盟总出口中隐含的各经济体收益合计32 383亿美元。在增加值视角下，欧盟、中国、美国和其他国家的收益占比分别为88.3%，1.4%，2.3%，8.0%；在国民收入视角下，欧盟和中国的收益占比分别下降5.1和0.1个百分点，达到83.1%和1.3%，美国的收益占比明显提升，达到4.3%，其他国家收益占比共计11.3%。

两种视角下三个经济体收益的变化可总结为两个方面：一是从出口拉动的自身收益看，中国降幅最为明显，欧盟次之，美国最弱；二是中国从另外两个经济体的出口中获得的经济收益减少，而美国、欧盟从除自身之外的两个经济体的出口中获得的经济收益增加。这两个变化从实质上对应了三个经济体在吸引外来投资和对外投资中的差异表现，相比于美国和欧盟，中国吸引外资的相对规模较大，而对外投资起步较晚、规模较小，且中国境内的外资企业多以出口为导向，因此导致中国在自身出口和别国出口中获得的经济收益遭受了更为严重的外资"侵蚀"。

5.4.2 经济全球化和国民收入视角下的双边贸易平衡分析

中国、美国、欧盟的出口国民收入分别不同程度地有异于其出口增加值，因此，国民收入视角下的双边贸易差额也将明显不同于增加值视角。本节以反映初始投入要素国别属性的国际投入产出表为工具，根据公式 (5.12)、公式 (5.13)、公式 (5.14) 计算贸易总值、增加值和国民收入三种口径下的中美、中欧和美欧双边贸易差额。贸易总值、增加值、国民收入分别与宏观统计指标中的总产出、国内生产总值、国民总收入相对应，为了更加客观、全面地评判双边贸易平衡，除了对三种视角下的贸易差额绝对量进行对比外，还将对其相对贡献进行对比分析。

5.4.2.1 中美贸易平衡

以世界投入产出表为工具，分别计算贸易总值、增加值和国民收入三种视角下的中美贸易差额，核算结果见表5-4。

表 5-4　基于国际投入产出表核算三种视角下的 2014 年中美贸易差额

(亿美元)

核算视角	贸易内容	中国获益	美国获益	贸易差额
国民收入视角	中国对美国出口	2 509	57	1 552
	美国对中国出口	14	914	
增加值视角	中国对美国出口	2 846	38	1 866
	美国对中国出口	16	958	
贸易总值视角	中国对美国出口	3 473	0	2 352
	美国对中国出口	0	1 121	

根据世界投入产业表数据，2014 年中国对美国的出口总额约为 3 473 亿美元，约占中国总产出的 1.1%；美国对中国的出口总额约为 1 121 亿美元，约占美国总产出的 0.4%。从绝对量的角度看，贸易总值口径下的中美贸易差额约为 2 352 亿美元。从双边贸易对两国总产出的相对贡献看，双边贸易对中国的贡献比对美国的贡献高出 0.7 个百分点。

以增加值视角分解双边出口额可知，中国对美国的出口中隐含了 2 846 亿美元的中国增加值和 38 亿美元的美国增加值；美国对中国的出口中隐含了 958 亿美元的美国增加值和 16 亿美元的中国增加值。因此，中美双边贸易拉动中国增加值 2 862 亿美元，约占中国国内生产总值的 2.8%；双边贸易拉动美国增加值 996 亿美元，约占美国国内生产总值的 0.6%。从绝对量的角度看，增加值口径下的中美贸易差额约为 1 866 亿美元，比贸易总值口径缩小了约 21%。从双边贸易对两国国内生产总值的相对贡献看，双边贸易对中国的贡献比对美国的贡献高 2.2 个百分点，相对贡献的差距相比贸易总值口径有所扩大。

国民收入视角下双边出口额分解结果显示：中国对美国的出口中包含了 2 509 亿美元的中国国民收入和 57 亿美元的美国国民收入；美国对中国的出口中包含 914 亿美元的美国国民收入和 14 亿美元的中国国民收入。因此，中美双边贸易拉动中国国民收入 2 523 亿美元，约占当年中国国民总收入[①]的

[①] 根据世界发展指标（WDI）数据库，2014 年中国、美国、欧盟的国民总收入分别为 104 957 亿美元、178 921 亿美元和 186 012 亿美元。

2.4%;双边贸易拉动美国国民收入 971 亿美元,约占美国国民总收入的 0.5%。从绝对量的角度看,国民收入口径下的中美贸易差额约为 1 552 亿美元,比贸易总值和增加值口径分别缩小 34% 和 17%。从双边贸易对两国国民总收入的相对贡献看,双边贸易对中国的贡献比对美国的贡献高 1.9 个百分点,相对贡献的差异小于增加值口径。

从贸易差额绝对量的角度看,传统的贸易总值和增加值口径均夸大了中美贸易失衡程度,若以国民收入作为评判视角,中国在中美贸易中的顺差优势明显减弱;从相对贡献的角度看,相比增加值视角,国民收入视角下中美贸易对两国的贡献程度更加均衡。

5.4.2.2 中欧贸易平衡

中欧贸易差额的核算结果见表 5-5。世界投入产业表数据显示,2014 年中国对欧盟的出口总额约为 3 658 亿美元,约占中国总产出的 1.2%;欧盟对中国的出口总额约为 2 767 亿美元,约占欧盟总产出的 0.8%。从绝对量的角度看,贸易总值口径下的中欧贸易差额约为 891 亿美元。从双边贸易对两个经济体总产出的相对贡献看,双边贸易对中国的贡献比对欧盟的贡献高 0.4 个百分点。

表 5-5 基于国际投入产出表核算三种视角下的 2014 年中欧贸易差额

(亿美元)

核算视角	贸易内容	中国获益	欧盟获益	贸易差额
国民收入视角	中国对欧盟出口	2 683	86	425
	欧盟对中国出口	45	2 217	
增加值视角	中国对欧盟出口	3 023	68	642
	欧盟对中国出口	50	2 363	
出口总值视角	中国对欧盟出口	3 658	0	891
	欧盟对中国出口	0	2 767	

以增加值视角分解双边出口额可知,中国对欧盟的出口中包含 3 023 亿美元的中国增加值和 68 亿美元的欧盟增加值;欧盟对中国的出口中包含 2 363

亿美元的欧盟增加值和 50 亿美元的中国增加值。中欧双边贸易共拉动中国增加值 3 073 亿美元，约占中国国内生产总值的 3.0%；双边贸易拉动欧盟增加值 2 431 亿美元，约占欧盟生产总值的 1.4%。因此，从绝对量的角度看，增加值视角下的中欧贸易差额约为 642 亿美元，比贸易总值口径缩小约 28%。但从双边贸易对两个经济体生产总值的相对贡献看，双边贸易对中国的贡献比对欧盟的贡献高 1.6 个百分点，相对贡献的差距相比贸易总值口径有所扩大。

在国民收入视角下，中国对欧盟的出口中隐含了 2 683 亿美元的中国国民收入和 86 亿美元的欧盟国民收入；欧盟对中国的出口中隐含了 2 217 亿美元的欧盟国民收入和 45 亿美元的中国国民收入。据此可知，中欧双边贸易共拉动中国国民收入 2 728 亿美元，约占中国国民总收入的 2.6%；双边贸易拉动欧盟国民收入 2 303 亿美元，约占欧盟国民总收入的 1.2%。从绝对量的角度看，国民收入口径下的中欧贸易差额约为 425 亿美元，比贸易总值和增加值口径分别缩小 52% 和 34%。从双边贸易对两个经济体国民总收入的相对贡献看，双边贸易对中国的贡献比对欧盟的贡献高 1.4 个百分点，相对贡献的差异小于增加值口径。

从贸易差额绝对量的角度看，传统的贸易总值和增加值口径同样夸大了中欧贸易失衡程度，若以国民收入作为评判视角，中国在中欧贸易中的顺差优势也将明显减弱；从相对贡献的角度看，相比增加值视角，国民收入视角下中欧贸易对两个经济体的贡献程度更加均衡。

5.4.2.3 欧美贸易平衡

欧美贸易差额的核算结果见表 5-6。世界投入产业表数据显示，2014 年欧盟对美国的出口总额约为 4 790 亿美元，约占欧盟总产出的 1.4%；美国对欧盟的出口总额约为 4 530 亿美元，约占美国总产出的 1.5%。从绝对量的角度看，贸易总值口径下的欧美贸易差额约为 260 亿美元。从双边贸易对两个经济体总产出的相对贡献看，双边贸易对美国的贡献比对欧盟的贡献高 0.1 个百分点。

5 全球收入链初探

表 5-6 基于国际投入产出表核算三种视角下的 2014 年欧美贸易差额

(亿美元)

核算视角	贸易内容	欧盟获益	美国获益	贸易差额
国民收入视角	欧盟对美国出口	3 803	215	-91
	美国对欧盟出口	186	3 865	
增加值视角	欧盟对美国出口	4 057	116	-7
	美国对欧盟出口	82	4 030	
出口总值视角	欧盟对美国出口	4 790	0	260
	美国对欧盟出口	0	4 530	

在增加值视角下，欧盟对美国的出口中隐含了 4 057 亿美元的欧盟增加值和 116 亿美元的美国增加值；美国对欧盟的出口中隐含了 4 030 亿美元的美国增加值和 82 亿美元的欧盟增加值。欧美双边贸易拉动欧盟增加值 4 139 亿美元，约占欧盟生产总值的 2.4%；双边贸易拉动美国增加值 4 146 亿美元，约占美国国内生产总值的 2.4%。因此，从绝对量的角度看，增加值视角下的欧美贸易由顺差变为逆差，贸易逆差约为 7 亿美元。从双边贸易对两个经济体生产总值的相对贡献看，双边贸易对欧盟的贡献比对美国的贡献略高 0.01 个百分点，相对贡献几乎达到均衡。

在国民收入视角下，欧盟对美国的出口中隐含了 3 803 亿美元的欧盟国民收入和 215 亿美元的美国国民收入；美国对欧盟的出口中隐含了 3 865 亿美元的美国国民收入和 186 亿美元的欧盟国民收入。因此，欧美双边贸易共拉动欧盟国民收入 3 989 亿美元，约占欧盟国民总收入的 2.1%；双边贸易拉动美国国民收入 4 080 亿美元，约占美国国民总收入的 2.3%。从绝对量的角度看，国民收入口径下的欧美贸易逆差进一步增加，达到 91 亿美元，相比增加值口径核算的 8 亿美元扩大了 10 倍以上。从双边贸易对两个经济体国民总收入的相对贡献看，双边贸易对美国的贡献更加突出，比对欧盟的贡献高 0.14 个百分点。

从贸易差额绝对量的角度看，贸易总值口径严重误导了各界对欧美贸易平衡的认识，在增加值和国民收入视角下，美国在美欧贸易中处于顺差地位，且在国民收入视角下，美国的顺差优势更为明显；从相对贡献的差异看，国民收入视角下双边贸易对美国的贡献程度进一步高于对欧盟的贡献。综合看，在国民收入视角下，美国在美欧贸易中具有突出的盈利优势。

5.4.3 国际表和单国表核算结果对比

第 4 章利用反映初始投入要素国别属性的单国投入产出表分别计算了中美双边贸易对两国国民收入的拉动，进而核算中美贸易差额。以国际投入产出表代替单国投入产出表进行测算，一方面，可以直观、便捷地核算更多经济体之间的双边贸易差额；另一方面，也是更为重要的，可以将国际分工和中间品贸易带来的利益交织纳入考虑，从而更加全面、准确地核算贸易收益分配和贸易平衡。为了验证和说明国际投入产出表的核算优势，本节将重点对比基于国际投入产出表和单国投入产出表的双边贸易差额核算结果。

基于单国投入产出表的双边贸易差额核算方法参考李鑫茹等（2018）的研究成果。为了保证两套核算结果具有可比性，本节计算中所使用的单国投入产出表的相关系数应与世界投入产出表一致，即计算中所使用的本国中间消耗矩阵、总出口及双边出口、增加值及国民收入等直接摘取自世界投入产出表。

表 5-7、表 5-8、表 5-9 展示了基于单国投入产出表核算的三种视角下的中美、中欧、美欧贸易差额结果，分别与表 5-4、表 5-5、表 5-6 对比，有以下三个发现：首先，单国投入产出表的核算结果表明，贸易总值和增加值口径会夸大中美、中欧、欧美的双边贸易失衡程度，与国际投入产出表的核算结论一致；其次，单国投入产出表核算的出口对双边经济体增加值、国民收入的拉动作用均小于国际投入产出表，原因主要是国际投入产出表纳入了中间品贸易对双边经济体增加值和国民收入的间接拉动作用；最后，在增加值和国民收入视角下，单国投入产出表对双边贸易差额的修正仍需改进。从中美、中欧贸易差额看，单国投入产出表的核算结果均大于国际投入产出表，即单国投入产出表高估了中美和中欧贸易差额；从美欧贸易差额看，在增加值口径下，单国投入产出表的核算结果显示美国处于逆差地位。这与国际投入产出表的结论相悖，表明基于单国投入产出表的核算结果会对我们理解和评判双边贸易平衡造成严重误导。

表 5-7　基于单国投入产出表核算三种视角下 2014 年中美贸易差额

(亿美元)

核算视角	贸易内容	中国获益	美国获益	贸易差额
国民收入视角	中国对美国出口	2 489	17	1 564
	美国对中国出口	0	908	
增加值视角	中国对美国出口	2 823	0	1 869
	美国对中国出口	0	954	
贸易总值视角	中国对美国出口	3 473	0	2 352
	美国对中国出口	0	1 121	

表 5-8　基于单国投入产出表核算三种视角下 2014 年中欧贸易差额

(亿美元)

核算视角	贸易内容	中国获益	欧盟获益	贸易差额
国民收入视角	中国对欧盟出口	2 671	20	445
	欧盟对中国出口	1	2 207	
增加值视角	中国对欧盟出口	3 009	0	653
	欧盟对中国出口	0	2 356	
出口总值视角	中国对欧盟出口	3 658	0	891
	欧盟对中国出口	0	2 767	

表 5-9　基于单国投入产出表核算三种视角下 2014 年欧美贸易差额

(亿美元)

核算视角	贸易内容	欧盟获益	美国获益	贸易差额
国民收入视角	欧盟对美国出口	3 790	103	-61
	美国对欧盟出口	107	3 855	
增加值视角	欧盟对美国出口	4 048	0	193
	美国对欧盟出口	0	3 855	
贸易总值视角	欧盟对美国出口	4 790	0	260
	美国对欧盟出口	0	4 530	

5.4.4 最终需求的收益分配效应

根据公式（5.15）和公式（5.16）可以分别计算增加值视角和国民收入视角下各经济体最终需求的收益分配效应。表 5-10 展示了 2014 年所有经济体和除自身之外所有经济体的最终需求对中国、美国、欧盟国民收入和增加值的拉动效应。从中可以看出，全球最终需求对美国和欧盟经济收益的拉动远高于中国，主要是因为美国和欧盟自身的最终需求体量远大于中国；若除去自身最终需求的影响，全球最终需求拉动的中国国民收入分别比美国和欧盟低 5% 和 40%。对比国民收入和增加值两种视角下最终需求的收益分配效应可知，增加值视角会高估中国的经济收益，低估美国和欧盟的经济收益。主要原因是增加值视角忽略了支付给其他国家和从其他国家获得的要素报酬，考虑到中国整体处于资本净输入阶段，而美国和欧盟处于资本净输出阶段，因此，中国的增加值中收入流出特征更为明显，相反，美国和欧盟可以通过对外净投资而获得投资净收入。

表 5-10　2014 年所有经济体（含自身和除自身）最终需求对中美欧的收入拉动效应

（亿美元）

核算视角	含自身在内的所有经济体			除自身以外的所有经济体		
	中国	美国	欧盟	中国	美国	欧盟
国民收入视角	95 988	174 001	170 537	17 529	18 427	29 217
增加值视角	103 987	174 168	173 448	19 577	15 607	27 402
两种视角的差异（%）	-7.69	-0.10	-1.68	-10.46	18.07	6.62

注：表中最后一行展示了最终需求国民收入效应与增加值效应的差异。

通过计算国际投入产出表中 17 个经济体的最终需求对中国、美国和欧盟国民收入的拉动效应，以各经济体最终需求拉动效应的占比作为其贡献率，结果呈现在表 5-11 的列向数值中。表中数据显示，中国、美国和欧盟自身最终需求对其国民收入的贡献率分别高达 82%、89%、83%。除自身之外，对中国国民收入贡献程度最高的经济体分别为美国、欧盟、日本、俄罗斯和韩国等；对美国国民收入贡献程度最高的经济体分别为欧盟、加拿大、中国、墨西哥和日本等；对欧盟国民收入贡献程度最高的经济体分别为美国、中国、俄罗斯、瑞士和日本等。各经济体最终需求的贡献率体现了双边经贸关系的密切程度，作为全球前三大经济体，中国、美国和欧盟最终需求对彼此国民收入的贡献率较高，因此，维护和发展良好的经贸合作是三方共赢之举。

表5-11　2014年各经济体最终需求对中美欧国民收入的贡献率　　（%）

经济体代码	CHN	USA	EU28
CHN	81.74	0.89	1.74
ROW	7.31	3.23	6.89
USA	3.02	89.41	3.73
EU28	2.92	3.17	82.87
JPN	1.30	0.36	0.50
RUS	0.59	0.09	0.72
KOR	0.54	0.19	0.32
AUS	0.43	0.24	0.38
CAN	0.42	1.25	0.49
IND	0.38	0.11	0.25
BRA	0.35	0.21	0.34
IDN	0.28	0.05	0.11
MEX	0.24	0.55	0.22
TWN	0.19	0.06	0.11
TUR	0.18	0.06	0.36
CHE	0.07	0.08	0.64
NOR	0.05	0.05	0.33
合计	100	100	100

5.5　小结

本章创新性地将国民收入核算视角引入国际投入产出模型中，从而将全球价值链研究拓展为全球收入链研究。通过将经济全球化特征和国民收入视角相结合，有效弥补了单国投入产出模型的局限和弊端，更加全面地描述产品、资本等生产要素和商品、服务等最终产品的国际流动，进而梳理生产全球化、贸易全球化和资本全球化带来的各经济体的利益复杂交织，从实际经济收益的角度重新评判贸易平衡和描绘全球利益分配格局。

本章是对全球收入链开展的初步研究，主要工作包括：介绍全球收入链的研究工具，即反映最初投入要素国别属性的国际投入产出表；以贸易为出发点构建全球收入链的核算框架，借助出口分解模型给出贸易国民收入核算和双边贸易差额核算方法，解析最终需求的收益分配效应。在实证研究中，本章介绍了反映最初投入要素国别属性的国际投入产出表的编制方法，重点测算了2014年中国、美国和欧盟的出口国民收入和双边贸易差额，分析了各经济体最终需求对中国、美国和欧盟的国民收入拉动效应及贡献率。

实证测算的主要结论有：第一，在国民收入视角下，中国从自身总出口中的获得的经济收益仅有77.1%，明显低于美国的86.1%和欧盟的83.1%，中国出口经济收益受到更为严重的外资"侵蚀"，表明中国的出口对外国生产要素的依赖性强于美国和欧盟。第二，在国民收入视角下，美国、欧盟从中国总出口中获得的经济收益有所增加，而中国从美国、欧盟的总出口中获得的经济收益有所减少，主要原因是目前中国的对外投资起步较晚，布局不足，对外投资流量和存量均小于美国和欧盟。第三，在国民收入视角下，中美贸易差额约为1 553亿美元，比贸易总值和增加值视角分别缩小34%和17%；中欧贸易差额约为425亿美元，比贸易总值和增加值视角分别缩小52%和34%；欧美贸易由贸易总值视角下的顺差变为增加值和国民收入视角下的逆差，国民收入视角下欧美贸易逆差为91亿美元，比增加值视角增大10倍以上，该结果表明传统核算口径夸大了中国对美国和欧盟的贸易顺差，扭曲了三大经济体的双边贸易运行状况。第四，增加值视角高估了其他经济体最终需求对中国经济收益的拉动效应，低估了其他经济体最终需求对美国和欧盟经济收益的拉动效应；作为全球前三大经济体，中国、美国和欧盟最终需求对彼此国民收入的贡献率较高，维护和促进彼此间的贸易发展乃是共赢之举。

本章提出了研究国际利益分配格局的新方法，对全球价值链和相关的理论研究提供了完善方向，因而具有重要的学术意义。而从现实意义看，在当前国际经贸关系紧张、逆全球化思潮涌动的大背景下，通过修正中美、中欧、欧美贸易差额核算结果，验证了各经济体之间复杂的利益交汇，指出传统测算方法高估贸易失衡的事实，将为相关利益主体审视贸易政策，开展贸易谈判提供十分重要的借鉴。

但需要说明的是，本章在改编国际投入产出表的过程中使用了较多假设，且只考虑了全球约 60% 的 FDI 存量的影响，因此测算结果虽具有参考价值，但可能与真实情况有所差异。在之后的研究中若能寻求到更多经济体的数据支持，进而扩大拆分对象的范围，将提高收入链研究的准确性。

6 结论与展望

6.1 本书的主要结论

贸易是世界经济和各国经济发展的重要组成部分，贸易收益是国际贸易理论的核心，在出口额快速增长的背景下，真实准确地测算出口带来的经济收益，客观认识贸易利益分配格局十分重要也十分必要。出口快速增长的背后，是全球生产网络扩张、垂直专业化深化和要素自由流动加快。随着经济全球化进程加快和各经济体开放程度提高，全球中间品贸易蓬勃发展，资本的跨国流动日益频繁，基于贸易总值和贸易增加值口径的传统核算方法不再适用，甚至还会对我们认识贸易利益分配造成误导。在外商直接投资快速增长的同时，学者对外资的溢出效应和挤出效应引发了激烈讨论，外资渗透成为值得关注的话题，但现有研究对外资渗透率缺乏统一定义。在中国外资的行业分布特点和外资企业的功能定位，决定了中国不同行业和不同经济环节的外资渗透程度将有显著差异；伴随国内外经济形势的深刻变革，未来中国的出口外资渗透程度也将发生明显变化。另外，近年来，世界贸易体系面临前所未有的压力，经贸领域的黑天鹅事件明显增多，以贸易逆差为直接诱因的贸易摩擦加重，给世界各国的投资和贸易发展蒙上了不确定性阴影，因此，真实还原贸易利益分配、准确评判贸易平衡具有重要的现实意义。为回答贸易收益、外资渗透和贸易差额等方面的重大问题，本书创新性地提出了贸易国民收入和全球收入链核算框架，详细介绍了反映最初投入要素国别属性的投入产出表的编制方法，借助投入产出分析方法和计量经济模型开展研究，得到五点结论。

第一，相比贸易总值和出口增加值视角，国民收入视角下，中国的出口经济收益明显减少。基于国民收入视角的测算结果显示：随着出口额的增长，2002—2012年，中国出口经济收益稳步提高，但增速受国内外经济形势影响而大幅波动；中国出口经济贡献率表现为先升后降，2012年约为16%左右；出口国民收入率呈先降后升趋势，水平较低，2012年仍不足60%。按企业类型看，增加值视角高估了外资企业出口和加工出口的经济贡献；外资企业出口和加工出口的经济贡献呈先升后降态势，验证了中国加工贸易萎缩和出口导向型外资企业遭遇困境的事实。按行业看，增加值视角高估了制造业出口的经济贡献，低估了资源行业和生产性服务业的出口贡献；2008年金融危机过后，中国资源行业的出口经济收益出现负增长，制造业增速明显放缓，生产性服务业表现亮眼。按贸易伙伴看，中国出口经济效益由高到低的排名依次是欧盟、美国、东盟、日本和韩国；相比而言，中国对韩国、美国、日本的出口货物更加依赖进口中间投入，对日本、欧盟和美国的出口货物更加依赖外国资本。

第二，中国出口经济收益增长主要依靠出口规模增长，但随着加工贸易由盛转衰，加工出口规模的贡献度持续降低。出口结构调整对出口经济效益变动的影响较小，中国的出口结构总体保持升级趋势，但步伐较为缓慢，内资非加工企业的出口升级压力尤为明显。国产原材料在国内市场的竞争力持续增强，进口品对国内原材料市场的冲击较小，中间投入品的国产化效应促进了中国出口经济收益的提高。从国民收入系数角度看，中国加工类型企业的经济增长质量在下滑，而非加工类型企业则不断提升，因而可认为中国加工贸易转移是必然的趋势。中国中间投入品结构不断优化，有利于出口经济收益增长，但国产中间品的企业来源结构不甚理想，外资企业在国内原材料供给市场上的份额有所提高，并逐渐成为制约中国出口经济效益增长的最大因素。

第三，受加入WTO、扩大对外开放，以及金融危机冲击外商投资和跨国公司的影响，中国的出口外资渗透率和内需外资渗透率在2002—2010年呈现先升后降的趋势；2010—2012年，中国出口的外资渗透率几乎保持不变，而内需的外资渗透率有所提高，说明出口导向型外资企业出现了面向国内市场、转向内销的战略调整迹象。分行业看，中国早期吸引外资以制造业为主，

2011年之前制造业吸引外资占比约为80%,因此制造业的外资渗透率明显高于其他行业;随着国内产业结构和外资行业布局的调整,中国生产性服务业的外资渗透率变化尤其值得关注。

第四,由于中国的出口生产对外国生产要素,尤其是外国资本的依赖性强于美国,基于贸易总值、出口增加值和出口国民收入视角核算的中美贸易顺差有明显差异。在修正了计价方法、转口贸易和服务贸易统计误差的基础上,2012年以国民收入视角核算的中美贸易顺差约为1 028亿美元,比贸易总值和贸易增加值口径下的顺差分别缩小61%和22%,表明传统贸易差额核算方法会不同程度地夸大中美贸易失衡。按贸易类型看,国民收入口径下中美货物贸易顺差缩小,服务贸易逆差扩大。按行业看,中美贸易顺差主要来自低端制造业等,逆差主要来自大宗商品和高技术行业,体现了中美贸易较强的互补性。通过测算分析可知,随着中国外商直接投资持续增长,与美国等发达国家的投资收益净输出十分明显,以实际收益衡量的美中贸易逆差并不似美国官方宣扬的那般严重。此外,中国对美出口的本国国民收入率远低于美国对中国的出口,中美服务贸易的本国国民收入率明显高于货物贸易。

第五,在全球收入链视角下,2014年中国从自身出口中获得的经济收益仅占出口额的77.1%,明显低于美国的86.1%和欧盟的83.1%。相比于增加值视角,在国民收入视角下,美国、欧盟从中国总出口中获得的经济收益有所增加,而中国从美国、欧盟的总出口中获得的经济收益有所减少,主要原因是中国的对外投资起步较晚,布局不足,对外投资流量和存量小于美国和欧盟。以国际投入产出表计算,国民收入视角下中美贸易差额约为1 553亿美元,比贸易总值和增加值视角分别缩小34%和17%;中欧贸易差额约为425亿美元,比贸易总值和增加值视角分别缩小52%和34%;欧美贸易由贸易总值视角下的顺差变为增加值和国民收入视角下的逆差,国民收入视角下欧美贸易逆差为91亿美元,比增加值视角增大10倍以上。传统核算口径夸大了中国对美国和欧盟的贸易顺差,扭曲了三大经济体的双边贸易运行状况。增加值视角高估了其他经济体最终需求对中国经济收益的拉动效应,低估了其他经济体最终需求对美国和欧盟经济收益的拉动效应；作为全球前三大经济体，中国、美国和欧盟最终需求对彼此国民收入的贡献率较高，维护和促进彼此间的贸易发展乃是共赢之举。

6.2 研究展望

在本书研究的基础上，未来可进一步完善和研究的方向主要包括：

第一，区分来源地的最初投入要素是最关键的数据需求，其中，区分来源地和行业的外资数据是重中之重。由于数据难以获得，在处理过程中假设同一经济体行业间外资来源结构是同质的，以中国为例，这一假设忽略了不同经济体在华投资的行业分布的差异性。未来若能以既区分来源地又区分行业的外资数据更新模型，可显著提高测算结果的可靠性和参考价值。

第二，受限于数据可得性，第5章在改编国际投入产出表的过程中使用了较多的假设，暂且只对中国、美国、欧盟、加拿大和澳大利亚的增加值象限进行了拆分。该做法考虑了全球约60%的FDI存量的影响，基于该表的测算结果虽具有一定的参考价值，但可能与真实的贸易收益分配情况仍有差别。未来的研究中若能寻求到更多经济体的数据支持，进而扩大拆分对象的范围，可有效提高全球收入链研究的完整性和准确性。

第三，第2、第4章的研究使用了区分内外资企业和加工贸易方式的中国投入产出表，体现了中国内资企业和外资企业在生产消耗环节的异质性。但在第5章所用的国际投入产出表中，只对原增加值象限进行拆分，而未对各经济体内资企业和外资企业在投入消耗结构方面的差异进行讨论。相比于内资企业和非加工贸易生产，外资企业和加工贸易类型企业的增加值率往往较高，因此，忽略企业异质性的处理方式会高估东道国的出口经济收益。未来可在更多数据支持的前提下，探索区分企业性质的国际投入产出表的编制方法，不仅可以提高全球收入链的测算精度，还能够分析不同类型企业在国际贸易利益分配中扮演的角色和发挥的作用。

第四，传统的基于出口增加值视角测算的指标，如贸易依存度、出口竞争优势等，均可由国民收入视角进行更新和修正，未来可进一步完善和深化全球收入链研究。

参考文献

[1] 包群,邵敏. 外商投资与东道国工资差异:基于我国工业行业的经验研究 [J]. 管理世界,2008 (5):46-54.

[2] 蔡浩仪,韩会师. FDI 稳定性下降与宏观经济风险防范 [J]. 国际金融研究,2012 (3):77-84.

[3] 陈东阳,张宏. 中美双边贸易差额再测算及其驱动因素研究:属地与属权融合视角 [J]. 亚太经济,2017 (4):55-64,175.

[4] 陈涛涛. 中国 FDI 行业内溢出效应的内在机制研究 [J]. 世界经济,2003 (9):23-28.

[5] 陈锡康. 当代中国投入产出理论与实践 [M]. 北京:中国广播出版社,1988.

[6] 陈锡康. 中国城乡经济投入占用产出分析 [M]. 北京:科学出版社,1992.

[7] 戴枫,陈百助. 全球价值链分工视角下中美贸易对美国就业的影响:基于 WIOT 的结构性分解 [J]. 国际贸易问题,2016 (10):62-73.

[8] 戴翔. 中国服务出口竞争力:增加值视角下的新认识 [J]. 经济学家,2015,3 (3):31-38.

[9] 戴翔. 中国制造业出口内涵服务价值演进及因素决定 [J]. 经济研究,2016 (9):44-57,174.

[10] 邓军. 中国出口中增加值的来源地和目的地:基于增加值贸易的视角 [J]. 浙江社会科学,2014 (8):18-31,155.

[11] 段玉婉,杨翠红. 基于不同贸易方式生产异质性的中国地区出口增加值分解 [J]. 世界经济,2018 (4):75-98.

[12] 段玉婉,祝坤福,陈锡康,等. 区分内外资企业和贸易方式的非竞争型

投入产出模型 [J]. 系统工程理论与实践, 2013, 33 (9): 2204-2211.

[13] 方友林, 冼国明. FDI对我国国内投资的挤入挤出效应: 地区差异及动态特征 [J]. 世界经济研究, 2008 (6): 69-73, 88.

[14] 冯丹卿, 钟昌标, 黄远浙. 外资进入速度对内资企业出口贸易的影响研究 [J]. 世界经济, 2013 (12): 29-52.

[15] 高敏雪, 葛金梅. 出口贸易增加值测算的微观基础 [J]. 统计研究, 2016, 30 (10): 8-15.

[16] 高运胜, 甄程成, 郑乐凯. 中国制成品出口欧盟增加值分解研究: 基于垂直专业化分工的视角 [J]. 数量经济技术经济研究, 2015 (9): 73-88.

[17] 葛明, 赵素萍, 林玲. 中美双边贸易利益分配格局解构: 基于GVC分解的视角 [J]. 世界经济研究, 2016 (2): 46-57.

[18] 郭晶, 刘菲菲. 中国服务业国际竞争力的重新估算: 基于贸易增加值视角的研究 [J]. 世界经济研究, 2015 (2): 52-60, 128.

[19] 郭晶. 基于企业异质性的增加值贸易核算研究综述 [J]. 国际贸易问题, 2016 (9): 50-60.

[20] 韩民春, 张丽娜. 中国制造业FDI撤离的就业效应和应对政策的效果 [J]. 数量经济技术经济研究, 2015 (9): 56-72.

[21] 韩中. 全球价值链视角下中国总出口的增加值分解 [J]. 数量经济技术经济研究, 2016, 33 (9): 130-145.

[22] 何茵, 沈明高, 徐忠. 美国新型贸易保护主义及其对中国的影响: 基于行业的分析 [J]. 国际经济评论, 2010 (4): 65-75.

[23] 贾怀勤. 在地贸易统计还是属权贸易统计?: FDI对传统贸易统计的颠覆及其对策 [J]. 统计研究, 2006 (2): 40-44.

[24] 贾怀勤. 属权贸易统计核算的几个基本问题 [J]. 国际贸易问题, 2010 (6): 30-36.

[25] 贾怀勤. 美国属权贸易核算的缘起和框架 [J]. 统计研究, 2011, 28 (11): 22-26.

[26] 康振宇, 徐鹏. 全球价值链时代的中日贸易分析: 基于增加值的视角

[J]．国际贸易问题，2015（4）：75-84.

[27] 黎峰．全球生产网络下的贸易收益及核算：基于中国的实证［J］．国际贸易问题，2014（6）：14-22.

[28] 黎峰．全球价值链分工下的出口产品结构及核算：基于增加值的视角［J］．南开经济研究，2015（4）：67-79.

[29] 黎峰．全球价值链下的国际分工地位：内涵及影响因素［J］．国际经贸探索，2015，31（9）：31-42.

[30] 李宏艳，王岚．全球价值链视角下的贸易利益：研究进展述评［J］．国际贸易问题，2015（5）：103-114.

[31] 李杰．我国利用外资的正负效应分析［J］．经济学家，2004，1（1）：65-70.

[32] 李磊，刘斌，王小霞．外资溢出效应与中国全球价值链参与［J］．世界经济研究，2017（4）：43-58，135.

[33] 李伟，韩立岩．外资银行进入对我国银行业市场竞争度的影响：基于Panzar-Rosse模型的实证研究［J］．金融研究，2008（5）：87-98.

[34] 李昕，徐滇庆．中国外贸依存度和失衡度的重新估算：全球生产链中的增加值贸易［J］．中国社会科学，2013（1）：29-55，205.

[35] 李鑫茹，陈锡康，段玉婉，等．国民收入视角下的中美贸易平衡分析［J］．世界经济，2018，41（6）：3-27.

[36] 李月芬．中国亟待建立一个以所有权为基础的贸易差额统计体系［J］．国际经济评论，2006（1）：32-38.

[37] 林玲，葛明，赵素萍．基于演进视角的中国属权贸易利益统计研究［J］．国际贸易问题，2013（11）：45-53.

[38] 林玲，葛明，赵素萍．属权贸易统计与中美贸易差额重估［J］．国际贸易问题，2014（6）：61-70.

[39] 刘海云，毛海欧．制造业OFDI对出口增加值的影响［J］．中国工业经济，2016（7）：91-108.

[40] 刘鹏，夏炎，李鑫茹，等．我国对外依存程度的国际空间分布及演化［J］．经济学家，2017（9）：91-98.

[41] 刘似臣,张诗琪.金砖国家装备制造业出口增加值比较研究[J].统计研究,2018,35(8):50-59.

[42] 刘遵义,陈锡康,杨翠红,等.非竞争型投入占用产出模型及其应用:中美贸易顺差透视[J].中国社会科学,2007(5):91-103.

[43] 毛日昇.贸易开放、外资渗透对就业转换的影响研究[J].劳动经济研究,2016,4(3):51-82.

[44] 潘文卿.外商投资对中国工业部门的外溢效应:基于面板数据的分析[J].世界经济,2003(6):3-7,80.

[45] 潘文卿,李子奈.20世纪90年代中国外贸外资发展形势、作用及格局[J].世界经济,2002(5):32-37.

[46] 潘文卿,王丰国,李根强.全球价值链背景下增加值核算理论综述[J].统计研究,2015,32(3):69-75.

[47] 蒲红霞,马霞.增加值贸易下金砖国家服务贸易竞争力比较分析[J].亚太经济,2015(1):82-87.

[48] 沈国兵.贸易统计差异与中美贸易平衡问题[J].经济研究,2005(6):82-93.

[49] 施炳展,王有鑫,李坤望.中国出口产品品质测度及其决定因素[J].世界经济,2013,36(9):69-93.

[50] 师求恩.外商投资企业的出口溢出效应研究[J].国际贸易问题,2006(6):84-89.

[51] 宋玉华,高莉,王玉华.以所有权为基础的贸易差额统计体系研究[J].国际贸易问题,2006,287(11):123-127.

[52] 王庭东.论传统数量化指标导向下外资对内资的挤出效应[J].世界经济研究,2007(11):11-16.

[53] 王雅炯,幸丽霞.FDI留存收益对中国经济潜在威胁的度量[J].金融研究,2007(8b):18-25.

[54] 王永齐.外商直接投资对国内资本形成的挤出效应分析[J].世界经济文汇,2005(6):39-51.

[55] 王直,魏尚进,祝坤福.总贸易核算法:官方贸易统计与全球价值链的

度量［J］. 中国社会科学, 2015（9）：108-127, 205-206.

[56] 魏军波, 黎峰. 全球价值链分工下的属权出口产品质量：基于增加值的视角［J］. 世界经济与政治论坛, 2017（5）：153-172.

[57] 卫瑞, 张文城, 张少军. 全球价值链视角下中国增加值出口及其影响因素［J］. 数量经济技术经济研究, 2015（7）：3-20.

[58] 文东伟. 增加值贸易与中国比较优势的动态演变［J］. 数量经济技术经济研究, 2017（1）：58-75.

[59] 文东伟. 全球价值链分工与中国的贸易失衡：基于增加值贸易的研究［J］. 数量经济技术经济研究, 2018, 35（11）：40-58.

[60] 冼国明, 孙江永. 外商直接投资的挤入、挤出效应：基于外资不同来源地和中国地区差异的视角［J］. 世界经济研究, 2009（8）：42-49.

[61] 项松林, 赵曙东. 中美贸易对美国就业影响研究：基于美国制造业面板数据的分析［J］. 世界经济研究, 2010（11）：63-68.

[62] 肖炼. 特朗普新政不确定性及其对中美经贸关系的影响［J］. 国际贸易, 2017（3）：27-32.

[63] 谢康, 李赞. 货物贸易与服务贸易互补性的实证分析：兼论中美贸易不平衡的实质［J］. 国际贸易问题, 2000（9）：47-52.

[64] 许和连, 成丽红, 孙天阳. 制造业投入服务化对企业出口国内增加值的提升效应：基于中国制造业微观企业的经验研究［J］. 中国工业经济, 2017（10）：64-82.

[65] 许宪春, 余航. 理解中美贸易不平衡：统计视角［J］. 经济学动态, 2018（7）：27-36.

[66] 闫云凤. 中日韩在全球价值链中的地位和作用：基于贸易增加值的测度与比较［J］. 世界经济研究, 2015（1）：74-80, 128.

[67] 杨红旗. 我国大豆产业现状分析及问题探讨［J］. 中国种业, 2010（4）：18-20.

[68] 杨汝岱. 香港转口贸易及其对中美贸易平衡的影响［J］. 经济科学, 2008, 30（2）：65-77.

[69] 尹伟华. 中国制造业产品全球价值链的分解分析：基于世界投入产出表

视角 [J]. 世界经济研究, 2016 (1): 66-75, 136.

[70] 尹伟华. 全球价值链视角下中国制造业出口贸易分解分析: 基于最新的 WIOD 数据 [J]. 经济学家, 2017, 8 (8): 33-39.

[71] 张定胜, 刘洪愧, 杨志远. 中国出口在全球价值链中的位置演变: 基于增加值核算的分析 [J]. 财贸经济, 2015 (11): 114-130.

[72] 张杰, 陈志远, 刘元春. 中国出口国内附加值的测算与变化机制 [J]. 经济研究, 2013 (10): 124-137.

[73] 张军生, 李俊. 中美贸易争端的新动向及风险防范策略 [J]. 国际贸易, 2013 (10): 10-13S.

[74] 张玮, 张文婷. 中美、中日、中欧贸易差额研究: 基于所有权视角 [J]. 管理世界, 2013 (11): 170-171.

[75] 张亚斌, 范子杰, 冯迪. 中国 GDP 出口分解及贡献新测度 [J]. 数量经济技术经济研究, 2015 (9): 21-38.

[76] 张跃. 美国吸收外资和发展外资企业的政策 [J]. 全球科技经济瞭望, 2005 (8): 12-14.

[77] 郑丹青. 外资进入对企业出口贸易增加值的影响研究: 基于生产要素收入视角 [J]. 经济问题探索, 2016 (2): 144-152.

[78] 郑丹青, 于津平. 中国出口贸易增加值的微观核算及影响因素研究 [J]. 国际贸易问题, 2014 (8): 3-13.

[79] 郑丹青, 于津平. 外资进入与企业出口贸易增加值: 基于中国微观企业异质性视角 [J]. 国际贸易问题, 2015 (12): 96-107.

[80] 郑乐凯, 王思语. 中国产业国际竞争力的动态变化分析: 基于贸易增加值前向分解法 [J]. 数量经济技术经济研究, 2017 (12): 111-127.

[81] 郑志国, 刘明珍. 从中国 GNP 与 GDP 差额看经济开放结构 [J]. 中国工业经济, 2004 (3): 14-21.

[82] 钟昌标, 黄远浙, 刘伟. 外商直接投资最佳行业渗透水平: 基于溢出效应视角的实证分析 [J]. 南开经济研究, 2013 (6): 19-36.

[83] 周慧君, 顾金宏. 外资银行渗透对中国银行业体系稳定性的影响: 基于阶段理论与演化理论的实证研究 [J]. 国际金融研究, 2009 (12):

67-72.

[84] 周琢, 陈钧浩. 外资企业生产出口过程中的贸易增加值构成研究：以生产要素的国别属性为视角 [J]. 世界经济研究, 2013 (5)：54-59, 88.

[85] 祝坤福, 陈锡康, 杨翠红. 中国出口的国内增加值及其影响因素分析 [J]. 国际经济评论, 2013 (4)：116-127.

[86] 朱相宇, 乔小勇. 反补贴政策实施中产业损害幅度确定的决策方法及实证研究 [J]. 管理评论, 2013, 25 (4)：23-31.

[87] ACEMOGLU D, AUTOR D, DORN D, et al. Import competition and the great U. S. employment sag of the 2000s [J]. Journal of labor economics, 2016, 34 (S1)：S141-S198.

[88] AICHELE R, HEILAND I. Where is the value added? trade liberalization and production networks [J]. Journal of international economics, 2018 (115)：130-144.

[89] ANDREW R M, PETERS G P. A multi-region input-output table based on the global trade analysis project database (GTAP-MRIO) [J]. Economic systems research, 2013, 25 (1)：99-121.

[90] ANWAR S, SUN S Z. Firm heterogeneity and FDI-related productivity spillovers：a theoretical investigation [J]. The journal of international trade & economic development, 2019, 28 (1)：1-10.

[91] AUTOR D H, DORN D, HANSON G H. The China syndrome：local labor market effects of import competition in the United States [J]. American economic review, 2013, 103 (6)：2121-2168.

[92] BALASSA B. Trade liberalization among industrial countries：objectives and alternatives [M]. New York：McGraw-Hill, 1967.

[93] BANGA R. Linking into global value chains is not sufficient：do you export domestic value added contents [J]. Journal of economic integration, 2014, 29 (2)：267-297.

[94] BARATTIERI A. Comparative advantage, service trade, and global imbalances [J]. Journal of international economics, 2014, 92 (1)：1-13.

[95] BLANCHARD O, DORNBUSH R. U S deficits, the dollar and Europe [J]. PSL quarterly review, 1984, 37 (148): 89-113.

[96] BRANSTETTER L G. Are knowledge spillovers international or intranational in scope? Microeconometric evidence from the U S and Japan [J]. Journal of international economics, 2001, 53 (1): 53-79.

[97] BROWNING H L, SINGELMANN J. The emergence of a service society: demographic and sociological aspects of the sectoral transformation of the labor force in the USA [M]. Springfield: National Technical Information Service, 1975.

[98] CHE Y, LU Y, PIERCE J R, et al. Does trade liberalization with China influence US elections? [R]. Boston: National Bureau of Economic Research, 2016.

[99] CHEN X, CHENG L, FUNG K C, et al. Domestic value added and employment generated by Chinese exports: A quantitative estimation [J]. China economic review, 2012, 23 (4): 850-864.

[100] CHEN H, WHALLEY J. China's service trade [J]. Journal of economic surveys, 2014, 28 (4): 746-774.

[101] CRUZ J, KOOPMAN R B, WANG Z, et al. Estimating foreign value-added in Mexico's manufacturing exports [Z]. Washington: US International Trade Commission, Office of Economics, 2011: 1-33.

[102] DEMENA B A, MURSHED S M. Transmission channels matter: Identifying spillovers from FDI [J]. The journal of international trade & economic development, 2018, 7 (27): 1-28.

[103] DIETZENBACHER E, LOS B, STEHRER R, et al. The construction of world input-output tables in the WIOD project [J]. Economic systems research, 2013, 25 (1): 71-98.

[104] DIXON W J, BOSWELL T. Dependency, disarticulation, and denominator effects: another look at foreign capital penetration [J]. American journal of sociology, 1996, 102 (2): 543-562.

[105] DJANKOV S, HOEKMAN B. Foreign investment and productivity growth in Czech enterprises [J]. The World bank economic review, 2000, 14 (1): 49-64.

[106] DUAN Y, YANG C, ZHU K, et al. Does the domestic value added induced by China's exports really belong to China? [J]. China & world economy, 2012, 20 (5): 83-102.

[107] FIGINI P, HOLGER G. Does foreign direct investment affect wage inequality? an empirical investigation [J]. World economy, 2011, 34 (9): 1455-1475.

[108] FINDLAY R. Relative backwardness, direct foreign investment, and the transfer of technology: a simple dynamic model [J]. Quarterly journal of economics, 1978, 92 (1): 1-16.

[109] FUNG K C, LAU L J. The China-United States bilateral trade balance: how big is it really? [J]. Pacific economic review, 1998, 3 (1): 33-47.

[110] FUNG K C, LAU L J, XIONG Y. Adjusted estimates of United States-China bilateral trade balances: an update [J]. Pacific economic review, 2006, 11 (3): 299-314.

[111] HUMMELS D, ISHII J, Yi K M. The nature and growth of vertical specialization in world trade [J]. Journal of international economics, 2001, 54 (1): 75-96.

[112] IMBRIANI C, REGANATI F. International efficiency spillovers into the Italian manufacturing sector-English summary [J]. Economia internazionale, 1997, 50 (4): 583-595.

[113] JIANG X, KONG Y, LI X, et al. Re-estimation of China-EU trade balance [J]. China economic review, 2019 (54): 350-366.

[114] JOHNSON R C. Five facts about value-added exports and implications for macroeconomics and trade research [J]. Journal of economic perspectives, 2014, 28 (2): 119-42.

[115] JOHNSON R C, NOGUERA G. Accounting for intermediates: Production

sharing and trade in value added [J]. Journal of international economics, 2012, 86 (2): 224-236.

[116] JOHNSON R C, NOGUERA G. A portrait of trade in value-added over four decades [J]. Review of economics and statistics, 2017, 99 (5): 896-911.

[117] JULIUS D A S. Global companies and public policy: the growing challenge of foreign direct investment [M]. New York: Council on Foreign Relations Press, 1990.

[118] KEE H L, TANG H W. Domestic value added in exports: theory and firm evidence from China [J]. American economic review, 2016, 106 (6): 1402-1436.

[119] KOOPMAN R, POWERS W, WANG Z, et al. Give credit where credit is due: tracing value added in global production chains [R]. Boston: National Bureau of Economic Research, 2010.

[120] KOOPMAN R, WANG Z, WEI S J. How much of Chinese exports is really made in China? assessing domestic value-added when processing trade is pervasive [R]. Boston: National Bureau of Economic Research, 2008.

[121] KOOPMAN R, WANG Z, WEI S J. Estimating domestic content in exports when processing trade is pervasive [J]. Journal of development economics, 2012, 99 (1): 178-189.

[122] KOOPMAN R, WANG Z, WEI S J. Tracing value-added and double counting in gross exports [J]. American economic review, 2014, 104 (2): 459-494.

[123] KORDALSKA A, OLCZYK M. CEE trade in services: value added versus gross terms approaches [J]. Eastern european economics, 2018, 4 (56): 269-291.

[124] KRAEMER K, LINDEN G, DEDRICK J. Capturing value in global networks: apple's iPad and iPhone [Z]. Irvine: Unirersity of California, 2011.

[125] LALL S, NARULA R. Understanding FDI-assisted economic development

[M]. London, New York: Routledge, 2013.

[126] LANDEFELD J S, WHICHARD O G, LOWE J H. Alternative frameworks for U. S. international transactions [J]. Survey of current business, 1993 (11): 50-61.

[127] LAU L J, CHEN X, XIONG Y. Understanding the real China-US trade balance [Z]. China-US focus, 2017.

[128] LENZEN M, MORAN D, KANEMOTO K, et al. Building Eora: a global multi-region input-output database at high country and sector resolution [J]. Economic systems research, 2013, 25 (1): 20-49.

[129] LEONTIEF W W. Quantitative input and output relations in the economic systems of the United States [J]. The review of economic statistics, 1936, 18 (3): 105-125.

[130] LEONTIEF W W. The structure of American economy, 1919-1939: an empirical application of equilibrium analysis [M]. Oxford: Oxford University Press 1951.

[131] LIN M, KWAN Y K. FDI spatial spillovers in China [J]. World economy, 2017, 8 (40): 1514-1530.

[132] LOS B, TIMMER M P, VRIES G J. Tracing value-added and double counting in gross exports: comment [J]. American economic review, 2016, 106 (7): 1958-1966.

[133] LUCAS R E. On the mechanics of economic development [J]. Journal of monetary economics, 1988, 22 (1): 3-42.

[134] LV R S, WANG C H. A comparative study between Sino-US and Japan-US trade frictions with big data technology [J]. Applied mechanics and materials, 2014, 687-691: 4950-4954.

[135] MA H, WANG Z, ZHU K. Domestic content in China's exports and its distribution by firm ownership [J]. Journal of comparative economics, 2015, 43 (1): 3-18.

[136] MAN W, XIE R. A research of domestic value added of Chinese manufacturing

export trade and its international comparison of influential factors [C]. International Joint Conference on Computational Sciences and Optimization, 2014.

[137] MENG B, ZHANG Y, INOMATA S. Compilation and applications of IDE-JETRO's international input-output tables [J]. Economic systems research, 2013, 25 (1): 122-142.

[138] NING L, WANG F. Does FDI bring environmental knowledge spillovers to developing countries? the role of the local industrial structure [J]. Environmental and resource economics, 2018, 71 (2): 381-405.

[139] OLCZYK M, KORDALSKA A. Gross exports versus value-added exports: determinants and policy implications for manufacturing sectors in selected CEE countries [J]. Eastern european economics, 2017, 55 (1): 91-109.

[140] ORLIC E, HASHI I, HISARCIKLILAR M. Cross sectoral FDI spillovers and their impact on manufacturing productivity [J]. International business review, 2018, 4 (27): 777-796.

[141] PETTIS M. The great rebalancing: trade, conflict, and the perilous road ahead for the world economy [M]. Princeton: Princeton University Press, 2014.

[142] ROMER P M. Increasing returns and long-run growth [J]. Journal of political economy, 1986, 94 (5): 1002-1037.

[143] RUANE F, ALI U. Foreign direct investment and productivity spillovers in Irish manufacturing industry: evidence from plant level panel data [J]. International journal of the economics of business, 2005, 12 (1): 53-66.

[144] VRH N. The convergence in domestic value-added of exports in the EU [J]. Post-Communist economies, 2017, 29 (3): 405-430.

[145] VRH N. What drives the differences in domestic value added in exports between old and new EU member states? [J]. Economic research-ekonomska istraživanja, 2018, 31 (1): 645-663.

[146] WANG Z, WEI S J, ZHU K. Quantifying international production sharing at the bilateral and sector levels [R]. Boston: National Bureau of Economic Research, 2013.

[147] WHICHARD O G, LOWE J H. An ownership-based disaggregation of the US current account, 1982—1993 [J]. Survey of current business, 1995, 75 (10): 52-61.

[148] XING Y. Foreign direct investment and China's bilateral intra-industry trade with Japan and the US [J]. Journal of asian economics, 2007, 18 (4): 685-700.

[149] YU C J, LUO Z C. What are China's real gains within global value chains? Measuring domestic value added in China's exports of manufactures [J]. China economic review, 2018 (47): 263-273.

[150] YUDAEVA K, KOZLOV K, MELENTIEVA N, et al. Does foreign ownership matter? the russian experience [J]. Economics of transition, 2003, 11 (3): 383-409.

[151] ZHANG K H. How does FDI affect a host country's export performance? the case of China [C]. International Conference of WTO, China and the Asian Economies, 2005: 25-26.

[152] ZHANG Y, SHANG Q, LIU C. FDI spillovers on corporate social responsibility: the channel of labor mobility [J]. Sustainability, 2018, 10 (11): 4265.